Die Sieben Schlüssel zur Freiheit

Emanuel / Christiane Zimmer

Die
Sieben Schlüssel
zur Freiheit

ch. falk verlag

Originalausgabe
© ch. falk-verlag, seeon 1997

Umschlaggestaltung: Josef Nysten-Riess

Satz: Plejaden Publishing Service, Boltersen
Druck: F. Steinmeier, Nördlingen

Printed in Germany
ISBN 3-89568-026-5

Inhalt

Der erste Schlüssel zur Freiheit:
Gebet und Meditation   7

Der zweite Schlüssel zur Freiheit:
Die Achtung und Beachtung des Lebens   25

Der dritte Schlüssel zur Freiheit:
Die Bewunderung   39

Der vierte Schlüssel zur Freiheit:
Die Vergebung   51

Der fünfte Schlüssel zur Freiheit:
Das Mitfühlen   68

Der sechste Schlüssel zur Freiheit:
Die Gerechtigkeit   94

Der siebte Schlüssel zur Freiheit:
Die Selbstannahme   106

Der erste Schlüssel zur Freiheit

Das Gebet und die Meditation

Mit Liebe, mit Licht, mit Freude, mit Glanz übergieße, segne euch der Allmächtige, der Einzige, der Wahre. Gott zum Gruße, meine geliebten Kinder.

Seht... die Worte der Begrüßung: Mit Liebe, Licht, mit Wahrheit, mit Frieden, mit Glanz übergieße euch der Einzige, der Wahrhaftige, der nicht Anfang lebt, nicht Ende, dem euer ganzes Sehnen gilt, dem euer ganzes Begehren gilt, wo ihr Rückkehr leben möchtet, Heimkehr leben möchtet. Ist es nicht so: Dort, wo die Liebe zu Hause ist, da ist das Licht zu Hause, da ist die Helligkeit, da ist die Klarheit, die Transparenz, das Durchschauen, das Durchblicken. Überall, wo Licht ist, durchschaut, durchblickt ihr. Doch geht ihr getrunken, getrunken und gesättigt von der wahren Liebe, dann seht ihr mit den Augen der Liebe, und nicht mehr von Bedeutung ist, ob der Tag ein heller Tag ist, der Tag ein dunkler Tag, denn diese Liebe, sie macht ihn zu einem hellen Tage, zu einem lichten Tage. Und ist nicht dort, wo die Liebe zu Hause ist, der Friede zu Hause, die Freude zu Hause? Denn ist nicht Ausdruck der Liebe die Freude, der Frieden? Und ist nicht dort, wo die Liebe ihre Heimstatt gefunden hat, die Wahrheit zu Hause?

Mit Liebe, Licht, Freude und Glanz sättige euch der Allmächtige. Glanz – welch ein Glanz? Dort, wo die Liebe ihre Heimstatt hat, da gehen eure Augen in dem ewigen Strahlen, denn sie sehen das Licht der Wahrheit, sie sehen die Liebe der Wahrheit, sie sehen den Frieden der Wahrheit. Dort, wo die Liebe zu Hause ist, da steht der Mund in dem ewigen Lächeln. Auch dies ist ein Glanz. So wie die Augen das Lächeln leben, so lebt der Mund das Lächeln. Und aus diesem Munde kommen die Worte der Süße, die Worte der Versöhnung, die Worte der Verbindung.

Seht, welch ein wunderbares Ziel – voller Mühen, selbstverständlich, aber… muß nicht der, der alles will, auch die Bereitschaft leben, alles zu geben, seine ganze Hingabe zu leben? Von sich absehend, nicht mehr sich mit seinem kleinen Wollen, mit dem Befriedigen an Irdischem in den Vordergrund stellend, sondern… ausschließlich das Wachstum der Seele anstrebend.

Und das soll unser Thema sein. Denn auf diesem Wege zu diesem wunderbaren, zu diesem erlösenden Ziele gibt es Hilfsmittel. Auf diesem Wege gibt es Spielregeln. Und wenn ihr sie beachtet, wird der Weg ein leichter – noch immer mühsam, denn seht, die Spielregeln zu kennen, bedeutet ja noch lange nicht, sie zu leben, zu beherrschen. Das Kennen, es geht voran. Das Bemühen, die Umsetzung, sie folgen. Und ihr wißt alle, es ist der schwerere Teil.

Aber wo sich Menschen zusammenfinden in der gleichen Gesinnung, dort wird immer ein Stützen, ein Begleiten, ein Sich-Tragen sein. Und darum, wenn ihr in den Tagen der Zaghaftigkeit steht, lebt ihr das Tauschen, das Austauschen, damit ihr den mutigen Schritt weitergeht.

Was ist euer Ziel? Es ist die Freiheit leben. Welch eine Freiheit? Seht… ihr alle geht in einer größeren Gefangenschaft noch, als euch dies bewußt ist. Ihr reagiert. Ihr reagiert auf einen lauten Knall, das bedeutet, ihr erschreckt. Ihr reagiert auf ein liebendes Wort. Es freut euch, es erfreut euch. Ihr reagiert auf ein ärgerliches Wort. Es verbittert euch. Ihr reagiert auf eine traurige Nachricht. Sie erschüttert euch. Auf wie vieles reagiert ihr: ein lieber Brief, ein Brief mit einer traurigen Nachricht, ein permanentes Reagieren auf äußere Einflüsse! Und seht, das ist nicht

Freiheit. Das bedeutet, dirigiert zu werden. Es bedeutet, zu reagieren auf äußere Anlässe. Und da es unbewußt geschieht, lebt ihr eine Gefangenschaft, eine Gebundenheit. Die Freiheit, die Erlösung kann nur sein, wenn dieses Reagieren, dieses Aus-der-Mitte-Fallen ein Ende hat.

Seht… und wir wollen gemeinsam erarbeiten, wie ihr in den Gleichmut findet, damit ihr in euch eingesammelt geht, damit ihr in dem stillen Beschauen gehen könnt, damit euch Informationen, egal welcher Art, nicht aus eurer Mitte führen, sondern ihr in dem ruhigen Beschauen gehen könnt, dem Hinterfragen, um tiefer Einblick nehmen zu können. Denn ist nicht ein Reagieren eine spontane Handlung? Und eine spontane Handlung erlaubt nie, in Ruhe hinter die Dinge zu sehen, sie zu ergründen, sie zu erfassen, sie zu erkennen. Also… das Ziel ist, die Gelassenheit zu finden, damit ihr die Freiheit leben könnt. Und dort, wo die Freiheit ist, kann die wahre Liebe sein. Warum das? Wenn ihr nicht mehr in den Bewertungen geht, die diese Reaktionen auslösen, legalisiert ihr euch, werdet ihr einheitlich. Ihr beginnt, mit dem kosmischen Auge zu sehen. Das ist der Moment, wo ihr in der göttlichen Liebe steht.

Wir wollen beginnen – in dieser unserer heutigen Begegnung – mit **dem Gebete, mit der Meditation, mit der Kontemplation.**

Wieso beginnen wir damit? Seht… damit nahm alles seinen Anfang. Es ist der Ursprung. Seit die Menschen in ein Bewußtsein getreten sind, in eine Wachheit, in eine Beobachtungsgabe, seit sie begonnen haben zu hinterfragen: Wer bin ich, was bin ich, was will ich? wurde auch die Frage formuliert: Woher komme ich? und diese Frage konnten sie sich selbstverständlich nicht beantworten. Sie gingen verbunden mit den Naturgesetzen, sie lebten in diesen Naturgesetzen. Das bedeutet: Sie paßten sich an, sie ordneten sich der Natur, den Elementen unter. Und da sie häufig von diesen Elementen in Verluste gestellt wurden, in Not, sie sich gefügig, sich hörig, sich gewogen machen

9

wollten, begannen sie, die Elemente anzubeten. Es war der Beginn des Bildens von Göttern. Sie begannen zu bitten für reichen Segen der Ernte, für guten Verlauf. Sie begannen zu erbitten dort, wo sie ihre Grenzen fühlten, nicht mehr Beweglichkeit durch den Willen, durch das Wollen leben konnten. Sie baten, um zu erhalten. Also... auf diese Weise entstand das Gebet. Die Meditation, die Kontemplation, sie entstanden durch das stille Betrachten, durch das Nachdenken: Woher komme ich, wer bin ich, wo will ich hin? Und sie begannen durch das stille Beschauen einer Situation, eines Gegenstandes, das sich also auf eine Sache einlassen, sie verinnerlichen wollen, um sie verstehen zu können, um sie beherrschen zu können. Das bedeutet also: das Gebet der aktive Teil und die Meditation, die Kontemplation der passive Teil.

Denn seht, wie geht ihr in dem Gebete? Ihr fühlt euch in einem Mangel. Ihr seid einer Situation nicht gewachsen. Ihr könnt mit eurem Willen nicht mehr fügen, nicht mehr formen, nicht mehr bilden, nicht mehr umgestalten. Der eine, er geht in die Resignation, er lebt die Aufgabe und damit die Depression, den lebenden Tod. Der andere, der in einem Gottesbewußtsein geht, er lebt die Kraft der Bitte. Und bedeutet nicht bitten, sich seine Hilflosigkeit einzugestehen, sich und demjenigen, dem ihr eure Bitte sprecht? Das bedeutet, mit euch in den Ist-Zustand zu gehen. Denn jetzt überlegt, wie häufig lebt ihr eine Wunschvorstellung, ein Ziel, ein Ideal?

Das bedeutet, ihr lebt einen Soll-Zustand. So möchtet ihr sein, das möchtet ihr haben, das wäre schön. Ihr lebt nicht in euch, mit euch, sondern ihr geht fixiert auf dieses Ziel, auf diesen Wunsch, auf das, was ihr schön und begehrenswert findet. Und geht ihr in Bewunderung eines Menschen, kann dies zu einem ganz gefährlichen Spiel werden, denn ihr verneint euch und ihr bejaht den anderen und behindert euch damit, Eigenarbeit zu leben, Erkennen, Verstehen und Entwicklung zu leben. Diese

Bitte formulieren läßt euch also euren Ist-Zustand erkennen, macht euch eure Not, eure Hilflosigkeit bewußt. Seht... da den Mut und die Kraft leben, die Bitte zu formulieren, es ist, in die Demut gehen. Es ist nicht die Eitelkeit, die Selbstgefälligkeit, das Ego leben, nein... in der Bitte, weil ihr euch eurer Grenze bewußt geworden seid, weil ihr nicht mehr formen und fügen könnt, in der Bitte offenbart ihr euch, zeigt ihr eure Hilfsbedürftigkeit.

Und seht: Wen bittet ihr? Ihr bittet den, den ihr für den Stärkeren haltet und der für euch regeln kann, in Ordnung bringen kann. Und dort, wo der Geist Bewußtheit lebt, Bezug zu Gott, wird er sich an ihn wenden, wird ihn bitten, zu hören und zu erhören. Das bedeutet also zum einen, ihr gebt die Last ab. Ihr sagt, hier verstehe ich nicht mehr, hier vermag ich nicht zu regeln, zu ordnen, ich habe meinen guten Willen gelebt, ich habe mein Bemühen gelebt, ich bitte dich für mich... zu erledigen. Die Bitte, um Erhörung, um Hilfe zu finden, wie wunderbar, denn beten, bitten, bedeutet es nicht, aus einer Verantwortung auch herauszutreten... wenn auch nur für eine kleine Weile? Das bedeutet, die Sorgen zur Seite stellen zu können. Das bedeutet, die Angst in das Schweigen zu führen, weil ihr leer geworden seid, müde geworden seid an dem Thema und darum entlassen möchtet. Die Bitte in dem Wunsche, daß Erfüllung sein wird, daß für euch gefügt wird.

Warum kann eigentlich so wunderbar für euch gefügt werden, wen ihr in der Bitte geht? Weil ihr das Entlassen lebt, weil ihr leer werdet, weil eure Gedanken nicht mehr kreisen um die Lösungsmöglichkeit. Das bedeutet: Euer Leer-geworden-Sein, euer Frei-geworden-Sein kann die geistige Welt euch näherbringen. Die geistige Welt kann euch leichter berühren. Es kann leichter für euch zusammengefügt werden. Überlegt: Selbstverständlich habt ihr die Aufgaben zu lösen, ein Thema zu lösen, damit es erlöst wird. Aber dort, wo ihr Grenzen lebt, wo ihr also

11

nicht mehr die Veränderung bewegen könnt, bedeutet es nicht, dieses Weitergeben, das Abgeben, endlich Behinderungen zur Seite zu räumen?

Solange eure Gedanken kreisen und prüfen und suchen nach der Lösung, lebt ihr Blockaden. Ihr wägt die eine Lösung ab, ihr wägt die andere Lösung ab oder die Vorstellung von einer Lösung, und damit hüpft ihr von einer Seite auf die andere. Das ist für die geistige Welt hinderlich. Sie kann nicht fügen, nicht zusammenführen, weil ihr ständig das Thema wechselt auf der Suche nach der Lösung. Aber dort, wo ihr begonnen habt zu übergeben, wo ihr also in der Wartehaltung steht, kann sie für euch fügen, für euch ordnen und klären. Und je nachdem, wie schnell sich fügen läßt, wird geschehen. Denn die geistige Welt unterliegt eurer Zeit. Ordnet sie für euch, unterliegt sie eurer Zeit. Und darum lebt Geduld. Und die Zeit, der die geistige Welt unterworfen ist, ist für euch eine wunderbare Möglichkeit, Vertrauen und Geduld zu erlernen.

Also… wir sind bei der Bitte: das rechte Bitten, das Erbitten. Und was folgt der Bitte? Es folgt die Fürbitte. Warum das? Seht: Ihr möchtet aus einem Thema herausgehoben werden. Es ist jetzt ganz unwichtig, ob ihr innerhalb eurer Familie ein Problem tragt oder ob ihr in Sorge geht um diese eure Erde. Das ist nicht das Thema, sondern ihr erbittet für irgend etwas. Und das Einschließen des Nächsten über die Fürbitte hält euch in einem Herzen des Teilens, des Teilen-Wollens. Also… den anderen nicht vergessend, nicht zur Seite stellend, sondern auch für seine Not erbittend. Denn dort, wo ihr in der wahrhaft ernsten Bitte geht und wo ihr in einem großen Liebesbemühen geht, kann die Fürbitte niemals fehlen.

Lebt ihr nicht alle Gemeinschaft? Ist nicht diese eure Erde eine Familie? Lebt ihr nicht in einem Abhängigkeitsverhältnis? Und darum die Fürbitte, damit auch dem anderen Gnade widerfährt, Hilfe widerfährt. Überall dort, wo die Bereitschaft des Teilens und des Verteilens ist, ist der Fluß gewahrt, könnt ihr schneller berührt und erreicht werden. Denn nicht sind eure Türen und eure Fenster verschlossen. Nein, ihr lebt das Haus der offenen Tür. Und der Fürbitte folgt der Dank, der Dank, erhört worden zu sein, oder laßt uns sagen zuvor, gehört worden zu sein. Aber… nicht nur, daß ihr vortragen konntet, daß ihr übergeben konntet, sondern auch, daß für euch gelöst wird, gehört, damit erhört werden kann.

Und ist es nicht so? Überall dort, wo ihr euch bedankt, glaubt ihr oder wißt ihr, daß ihr empfangen habt. Ihr bedankt euch immer dann, wenn ihr eine Gabe erhalten habt, egal welche, ein Geschenk oder ein liebes Wort oder das Bewußtsein, an der Seite eines wunderbaren Partners zu gehen oder ein schönes Haus zu haben, gute Kinder. Ihr könnt es beliebig fortsetzen. Ihr bedankt euch immer, wenn ihr glücklich seid, empfangen zu haben.

Und jetzt überlegt: Ihr geht in der Bitte, und laßt ihr der Bitte den Dank folgen, lebt ihr bereits die Energien des Empfangenhabens, ein Beschleunigen, ein Festigen, ein Euch-Festigen, ein Euch-Sicherheit-Geben. Denn ihr bedankt euch nur, wenn ihr empfangen habt, wenn euch Fülle bewußt geworden ist.

Das Gebet, der aktive Teil, wie wunderbar. Überlegt, wie viele Sorgen sind durch eure Herzen gegangen, durch eure Gedanken. Wie viele Ängste habt ihr schon in eurem Leben gelebt, und wie gut hat es sich immer wieder geklärt, obwohl ihr Sorge und Angst in eurem Herzen getragen habt, obwohl ihr mit eurer Sorge und mit euren Ängsten dagegen gearbeitet habt?

Und nun beginnt ihr, wenn ihr in Lebenssituationen steht, wo das Herze befangen geht und die Gedanken der Sorge euch behindern, die Unsicherheiten, die Ängste: weil ihr nicht durchschauen, nicht kalkulieren könnt, weil ihr nicht fassen könnt, beginnt ihr, zur Seite zu stellen, zu sagen: Ich weiß um die große göttliche Ordnung, die für mich regelt, wenn ich mich ihr zuwende, die für mich ordnet, wenn ich ihr vertraue.

Denn seht: Durch die Hingabe des Gebetes werdet ihr weich. Ihr werdet nicht nur weich, sondern ihr geht reduziert in eurem Ego. Darum könnt ihr leichter berührt und erfaßt werden von dem Liebesstrom. Ich möchte euch bitten: Ihr, ihr seid Vorleber, ihr seid Vorbilder. Also… an euch wird Orientierung gelebt. Zeigt ihr, wie ihr die Sorge, die Angst überwindet durch das Gebet, durch das Abgeben, das Übergeben, damit Hilfe zuteil werden kann. Das Gebet, die Kundgabe, das Erfassen, Erkennen seiner Schwächen, seiner Unzulänglichkeiten, seiner Nöte. Den Ist-Zustand leben bedeutet, im Gebete zu gehen.

Jetzt haben wir von dem Gebet gesprochen, das von einer Not berührt war, wo ihr also in einer Not gingt, in einer Not standet oder steht. Aber glücklicherweise gibt es ja auch die Zeiten, wo ihr nicht Not lebt. Was ist da mit dem Gebete? Seht, auch da gibt es noch genügend Grund, in die Bitte zu gehen, damit ihr in eurem Wachstum voranschreitet, damit ihr immer mehr gelichtet und geweitet werdet. Das Gebet ist die Zwiesprache mit Gott, also das Ihm-Erzählen, was euch widerfahren ist, was ihr erlebt habt, das Mit-Ihm-Teilen-Wollen. Und lebt ihr die Tage der Freude, der Zufriedenheit, und ihr sprecht das Gebet, so habt ihr eine wunderbare Möglichkeit, in der kurzen Bitte zu gehen und in der langen Fürbitte für alle die, die in der Not stehen, in der Sorge, in der Angst.

Das Gebet bedeutet also zum einen für euch, die Zwiesprache mit Gott leben, es bedeutet zum anderen, in der Bruderschaft zu gehen. Denn Fürbitte leben, das bedeutet, sich der Gemeinschaft bewußt zu sein, sich der Abhängigkeit von Gemeinschaft bewußt zu sein. Es muß nicht nur die Familie sein, nein, die Gemeinschaft, die diese eure Erde bildet.

Und nun **die Meditation, die Kontemplation**, das Innehalten, das Betrachten eines Themas, das Herausgreifen eines Themas, um es erfassen, verstehen zu wollen, um nicht nur das äußere Bild zu sehen, die Vorderseite eines Bildes, sondern die

Ganzheit, die Seiten und die Rückseite. Es bedeutet, in das Schweigen zu gehen.

Und seht, geht ihr zerstreut, zerrissen, beeindruckt von den Beeinflussungen des Tages, berührt von den Themen des Tages, bei Menschen in den Gedanken verweilend, nicht in euch, nicht bei euch und darum nur vordergründig sehen könnend. Die Meditation, die Kontemplation, es bedeutet, in das Schweigen zu gehen.

Das Gebet: das Sprechen, das Darlegen, das Sich-Äußern. Die Meditation, die Kontemplation: das Schweigen, das Einsammeln, das Euch-Einsammeln.

Und da lebt ihr die unterschiedlichen Arten dieser Verinnerlichung. Aber sie dienen alle einem Zweck: das Dahinterblicken, dort, wo die Wand vor euch aufgestellt ist. Und ihr wißt, dahinter gibt es noch mehr, dieses Niederreißen der Grenzen. Ihr wollt dort, wo euer Verstand seine Grenze aufgezeigt bekommt, dort wollt ihr nicht die Akzeptanz leben, über diese Grenze hinwegsteigend, ein Sich-Zurückziehen, ein Sich-Verinnerlichen.

Seht, ich sage es noch einmal, weil es so wichtig und so bedeutsam ist: ein Euch-Einsammeln. Haltet von Zeit zu Zeit inne und macht euch bewußt: Gehe ich eben eingesammelt?

Ihr wißt alle, wenn ihr in einer Tätigkeit steht, die euch fasziniert, nehmt ihr nicht Geräusche wahr, nehmt ihr nicht das Rufen des Partners wahr: „Das Essen ist fertig!" oder „Schließe mir doch bitte mal die Türe auf!" Nein, ihr seid ganz gebunden an das Thema, ihr seid in es versunken, so sagt ihr, eingesunken, eingetaucht und darum nichts mehr um euch erfassend.

Seht, ihr könnt mir alle bestätigen: Dort, wo ihr von einer Handlung so berührt wart, wo ihr so eingetaucht wart, wo ihr so versunken wart, seid ihr zurückgekehrt, erfreut, erfrischt, fasziniert, beglückt. Da ist nicht Energieverlust gelebt worden, nein im Gegenteil. Ihr gingt gebannt, und darum habt ihr euch vergessen, euer Bewußtsein war konzentriert auf das Thema, ging

nicht zerstreut. Und genau das ist Sinn und Zweck dieser Verinnerlichung, das ganze Eintauchen in ein Thema, in eine Betrachtung.

Seht, ihr habt so viele Pausen. Da gibt es immer diese
Zwangspausen. Ihr wartet auf den Bus oder den Zug, ihr wartet
auf den Partner, bis das Essen fertig ist oder bis sie endlich
kommt, damit ihr losfahren könnt. Meistens ärgert ihr euch über
diese Zwangspausen: Vertane Zeit, verlorene Zeit, Termine oder
was immer ihr euch vorstellt.

Beginnt diese Zwangspausen zu nutzen, um Einkehr zu halten, um Einblick zu leben. Das bedeutet, ihr steht am Auto und
wartet auf den Partner. Vielleicht habt ihr einen Baum vor dem
Hause. Betrachtet den Baum, beginnt mit ihm die Zwiesprache
zu leben. Laßt euch von ihm berühren, wollt ihn erfahren. Seht,
das ist Meditation, das ist Kontemplation, sich auf ein Thema
einlassen, um zu verstehen, um zu hinterblicken, um zu durchschauen.

Und überlegt euch, das ist doch so wunderbar. Dazu müßt ihr
euch nicht zurückziehen, mußt nicht die Türe abschließen und
sagen: Jetzt meditiere ich, jetzt darf ich nicht gestört werden. Es
ist wunderbar, wenn ihr dies tut, und ich will es euch nicht aus-
reden, ich will euch nicht davon abhalten. Aber das eine schließt
ja nicht das andere aus.

Es ist so wunderbar, wenn ihr beginnt, diese Zwangspausen
zu füllen mit dem Betrachten, mit dem Beschauen. Denn überlegt: Ihr wollt das Christus-Bewußtsein leben, ihr wollt die
Verschmelzung mit Gott leben, das Eintauchen in das ewige
Lächeln, in die ewige Liebe, und alles, was ihr anblickt, was
durch Gott beseelt wurde, ist sein Ausdruck. Und ihr könnt nur
diese göttliche Liebe erfahren und leben, wenn ihr seinen Ausdruck versteht, wenn ihr den Baum versteht, die Sprache der
Blumen versteht, wenn ihr in der Kraft steht, mit dem von Ihm
Beseelten zu kommunizieren.

Jetzt werdet ihr denken oder sagen: Ja nun, wenn ich jetzt mit dem Baum, mit der Blume kommuniziere, ich verstehe so schlecht die Antwort, sie ist so leise. Ja, seht, es ist eine Übung. Es geht darum, daß ihr euch auf das Thema einlaßt, daß ihr beginnt, euch auf den Baum einzulassen, auf die Blume einzulassen, nicht nur indem ihr sagt: Es ist wunderbar, ihr bekommt wieder Blätter. Nicht indem ihr sagt: Die Blume, sie ist schon aufgeblüht, und sie duftet dieses Jahr ganz besonders schön. Das ist eine Wahrnehmung, nicht mehr. Aber… ihr wollt nicht nur wahrnehmen, sondern ihr wollt erfahren, ihr wollt fühlen, und hier nutzt diese Zeiten, nutzt diese Pausen, um die Begegnung zu leben. Ihr wißt, je häufiger ihr eine Begegnung lebt, umso schneller wird diese Person oder der Gegenstand der Begegnung euch vertrauter, verstehbarer. Nutzt diese Zeit! Ein Leerlauf, und seht, wie wunderbar, ein Leerlauf, nicht die Hektik des Alltags, sondern die Stille des Alltags. Ein Euch-Herausnehmen, um im Leerlauf zu gehen. Da sind nicht mehr Geräusche, da ist nicht ein Fortbewegen, sondern es ist das Innehalten. Und hier setzt an. Denn solange ihr nicht das Gebet lebt und versteht und solange ihr nicht die Meditation und die Kontemplation lebt und versteht, so lange wird der Blick getrübt bleiben für die Wege in das Heil. Sie sind wie ein Öffnen einer Türe zu neuem Bewußtsein.

Laßt mich zusammenfassend sagen: **Das Gebet**, der aktive Teil, das Erbitten und damit das Eingestehen seiner Begrenzung, also… nicht mehr Fassade, nicht mehr Tünche, nicht mehr ein Vorspielen, sondern seine Hilflosigkeit, seine Bedürftigkeit, seine Not bekennend, Ist-Zustand lebend, also… Realität lebend, nicht Illusionen, nicht Träume, sondern nackte Realität. Nur dort, wo ihr mit euch realistisch umgeht, euren Platz und euren Stand erkennt, könnt ihr an euch arbeiten und verändern.

Die Meditation, die Kontemplation, der passive Teil, der inaktive Teil, der scheinbar passive, inaktive Teil. Das Schweigen, um den anderen sprechen zu lassen, das Andere-sprechen-Lassen, um **den** anderen zu erfahren, **das** andere zu erfahren. Das bedeutet, die Verinnerlichung leben, um Begrenzungen aufzulösen, damit ihr in euer Sein findet, damit ihr das Bewußtsein, in dem ihr steht, damit ihr das Bewußtsein ablegen könnt wie einen abgetragenen Mantel, wie ein Kleid, das nicht mehr Mode und Aktualität lebt. Das Ablegen, weil neues Bewußtsein in euch ist, weil Bewußtseinserweiterung in euch stattgefunden hat.

Jetzt überlegt: Im Grunde zentriert ihr euch. Ihr wollt auf den Punkt kommen. Dabei findet die Bewußtseinsveränderung statt, die Bewußtseinsausdehnung. Ihr geht also in die Mitte, in die Enge, um Weite zu erfahren. Wenn ich sagte Enge, dann hat dies nichts mit Einschnürung zu tun, sondern dann will ich damit betonen die Zentrierung. Wie schön, wie die Narbe eines Rades. Die Narbe kann das Rad nicht sein, kann die Speichen nicht sein. Seht, ihr wollt die Narbe leben, damit das Rad in Bewegung sein kann, sich in Bewegung setzen kann, nämlich euer Lebensrad, von dem ihr immer wieder sprecht. Das Rad der Wiedergeburt, an das ihr alle gebunden geht. Aber dort, wo ihr zur Narbe werdet, wird nicht mehr über euch bestimmt. Da seid ihr die Bestimmer geworden, da seid ihr die Werker geworden, da seid ihr die Herren geworden über euch selbst.

Und darum nutzt diese wunderbaren Gaben, die Gabe der Öffnung und die Gabe der Verinnerlichung. Und beide gehen in der Waage, beide leben den gleichen Wert. Und dort, wo ihr den Umgang lebt mit Menschen, die nicht den starken Gottesbezug leben, die also sagen: „Was soll ich mit einem Gebete? Das ist doch alles Unsinn. Da ist doch keiner, der mir zuhört oder der für mich löst!", wo ihr jedoch ein Erkennen lebt, daß dies ein Mensch ist in einem hohen Sehnen und in einem hohen Suchen, da führt ihn, führt ihn an die Meditation heran, in das Betrachten, in das Durchschauen, in das Hinterfragen, in das Sich-Berühren-lassen-Wollen. Denn auf diese Weise wird er in das Erkennen finden: Hier ist eine Macht, hier ist eine Allmacht am Werke, die mich berührt und verunsichert. Und er wird nicht eher schweigen, bis er Gott gefunden hat, bis er in Ihm den Weg sieht.

Lebt ihr die Freuden des Gebetes, der Meditation! Es ist wie das Planen, wie das Planen eines Hauses. Denn nur wenn der Plan ein kluger Plan ist, ein solider Plan, ein klar berechneter Plan, das Fundament ein festes ist, ein solides, ein beständiges, wird das Haus ein sicheres Haus sein, wird das Haus ein Haus des Friedens sein, wird euch nicht Ärger bereiten, sondern Freude. Und ihr ergeht euch in ihm, ihr geht von dem einen Zimmer in das andere, und das werden die nächsten Schlüssel sein, die nächsten Schlüssel zur Freiheit. Ihr geht von einem Zimmer in das andere. Ihr fühlt euch geborgen, in diesem euren Hause geschützt, aufgehoben – wie wunderbar! Und dies ist zu erreichen durch das Gebet, durch die Meditation, durch die Kontemplation – ja.

Und wenn ihr möchtet, geht ihr nun in das Fragen.

Ich habe eine Frage zu der Fürbitte. Wenn wir speziell für einen anderen Menschen bitten, dann setzen wir doch eigentlich wieder unser Wollen daran, daß es ihm bessergeht. Also, wir sollen ja unser Wollen eigentlich raushalten. Wir sollen Vertrauen haben und geschehen lassen und nicht noch mal unser ganzes Wollen dareinsetzen.

Siehe, es ist so: In der Bitte, in der Fürbitte lebst du einen Wunsch, eine Hoffnung. Du willst, daß es dem anderen bessergeht oder gutgeht. Aber da du mit deinem Willen nicht beeinflussen kannst, ob es ihm bessergeht, darum mein Kind, ist deine Fürbitte ein Bitten, ein Wünschen, ein Hoffen. Und darum kannst du dich damit nicht einengen, damit kannst du dich nicht schuldig machen, damit kannst du weder dich noch den anderen behindern. Du bittest Gott, daß Er fügt für diesen Menschen. Da ist auf der einen Seite dein Wünschen und Wollen, selbstverständlich, aber... es ist ein hohes Wünschen und Wollen. Du wünscht dem anderen die Freiheit, die Leichtigkeit, das Durchatmen, das Aufatmen, also die Seelenruhe. Ist es nicht ein hohes Wollen? Das kannst du für ihn wünschen und kannst du für ihn wollen, aber... du kannst diesen Wunsch nicht erzwingen, und mit deinem Willen kannst du auch nicht sein Seelenheil erzwingen. Und darum trägst du **dein** Wünschen und Wollen vor und bittest darum, daß es Erhörung findet; das heißt also, wie ein Präsent, du übergibst dein Präsent. Und ob es nun dem Beschenkten gefällt, ob er es annimmt oder nicht, entzieht sich **deinen** Möglichkeiten. Du hast präsentiert, und nun wartest du ab. Das heißt: Wird mit Wohlgefallen angenommen, freust du dich, wird abgelehnt, bist du traurig, bist du sauer. Siehe, daran kannst du erkennen, ob dein Wille in dem Vordergrunde stand, ob du für dich Befriedigung wolltest oder wahrhaft für den anderen. Ist es so verstehbar?

Aber ich denke, es wird sowieso so gerichtet, wie es für ihn am besten ist. Ob ich es jetzt noch verstärke, indem ich sage: Ich wünsche es ihm von ganzem Herzen, oder nicht. Der Wunsch wird ja sowieso angenommen oder nicht angenommen, je nachdem es für den anderen am besten ist.

Ja, selbstverständlich, siehe, es ist ja so: Wenn du ein Wünschen lebst, lebst du ja auch diesem Menschen oder dieser Seele eine Beachtung. Und ist es nicht so, daß du damit auch Gott eine Beachtung lebst, daß du das **Du** lebst, das Tauschen, das Mitgehen, nicht mit **dir** in der Zweisamkeit gehst, nicht **deine** Bedürfnisse, dein Ego, dein narzißtisches Leben auslebst, sondern daß du die Bereitschaft des Teilens lebst: Mir geht es gut, ich wünsche, daß es dem anderen auch gutgeht. Siehe, es ist wunderbar, es ist das Hand-in-Hand-Gehen, das Miteinander-Gehen, egal ob über diese eure Erde oder wenn es sich handelt um einen Verstorbenen. Es ist der Ausdruck der Liebe.

Überall dort, wo ihr dem Nächsten Beachtung schenkt, lebt ihr den Ausdruck der Liebe. Überlegt, geht ihr in dem Gebete für Verstorbene, für erdgebundene Seelen, wie viele kennt ihr denn, wie viele Verstorbene? Das ist doch ein ganz geringer Teil, das sind die Menschen, zu denen ihr einen Bezug gelebt habt. Für sie eine Fürbitte zu sprechen, ist ein leichtes Spiel. Aber… über dieses Thema seid ihr längst hinausgewachsen. Ihr bittet doch für die erdgebundenen Seelen, für die unerlösten. Das ist Nächstenliebe, das ist das Gesetz der Liebe leben, das nicht an sich und das eigene Seelenheil denkt, sondern den anderen mitnimmt, den anderen begleiten will, den anderen in dem Lichte und in der Freiheit sehen will – ja. Ist es so geklärt? (*Ja, danke*)

Jetzt leben wir die Schweigeminute. Ist das so? Gibt es zu diesem Thema Fragen? Hat das Thema so euer Herz berührt? (*Ja*) Überlegt: Ihr lebt Führung und Begleitung, und ihr lebt ein hohes Wollen. Ihr nehmt eure Arbeit sehr ernst, und die Menschen vertrauen euch, sie hören auf euch, und das macht die Verantwortung noch größer. Und darum habe ich dieses Thema zu Beginn gewählt, weil es wahrhaft die Basis darstellt und weil es der Gläubige und der Ungläubige leben kann. Die anderen Themen setzen voraus ethisches Leben, setzen voraus Moral und Gewissen. Das Gebet, die Meditation bilden die Basis für Ethik, für Moral, für Gewissen. Lebt ihr also dem Nächsten vor. Begleitet ihn mit euren Worten des Erkennens. Bietet ihnen an, damit sie die Freiheit leben, damit sie die Erlösung leben.

Wenn ihr sehen könntet über die Energien, wie viele Menschen wahrhaft lebenden Tod leben, die Erde bevölkern, ohne wahrhaft an ihr teilzuhaben, ohne sie zu teilen, ihr wäret erstaunt. Warum gehen so viele als lebende Tote? Weil sie nicht finden, weil sie nicht Hoffnung leben. Oder weil sie bereits Resignation leben, Aufgabe, Selbstaufgabe. Doch dort, wo ihr permanent in dem Hinterfragen geht, wo ihr in dem Suchen geht, wo ihr in dem Verstehen-Wollen geht, da fließt der Lebensstrom.

Geht ihr in der Meditation, ich sagte, ein schweigender Prozeß. Aber… ihr wollt doch erfahren, ihr wollt berührt werden von dem Thema der Meditation, ihr wollt eintauchen. Also auch ein Wollen, sonst würdet ihr euch nicht hinsetzen, um in die Meditation zu gehen. Aber es ist ein Wollen, das in das Wachstum führt, in die Bewußtwerdung, in die Weitung – ja. Und alle die, die in dem Stillstande gehen, die erdrückt werden von der Monotonie des Alltages und auch von den Sorgen des Alltages, was für ein tragisches Leben! Eine Hoffnung, sie ist in allen. Aber… die Hoffnung, sie ist nicht greifbar, sie ist nicht faßbar. Und seht, auch ihr habt Tage der Sorge oder der Unlust, aber… eure Hoffnung, sie ist greifbar, denn ihr habt ein Ziel.

Daran denkt immer, welch einen Reichtum ihr lebt. Euer Reichtum ist euer Bewußtsein, eure geistige Wachheit. Und sie benutzt, sie nutzt aus bis zum Letzten! Sie kann nicht versiegen, sie kann sich nicht abnutzen und nicht verbrauchen. Sie erneuert sich permanent. Und lebt ihr diese Freude, damit ihr Lichter und Leuchter und Erleuchter für die anderen werdet und seid, damit ihr lichtet und das Licht der Liebe einkehren kann – ja.

Wollt ihr damit den Abend beschließen?

Wir… erkennen, daß es viel zu tun gibt, wenn du sagst, wir wären erschüttert, wenn wir sähen, wie viele lebende Tote es gibt. Das soll uns aber nicht davon abhalten, es zu versuchen, sie… aufzuwecken. Denn im Gespräch mit den Menschen erkennt man, daß Menschen, die man für verschlossen hält, überraschenderweise sehr… Sie wollen auch nur angestoßen werden, wie wir angestoßen wurden.

Ja, selbstverständlich, das Sich-Verschließen zeigt ja eine Not, eine Angst vor Verletzung, vor Benutztwerden, und darum verschließen sie sich. Kein Mensch verschließt sich freiwillig. Da sind Erfahrungen der Enttäuschung vorausgegangen. Darum dieses Sich-Abschließen. Aber wo ihr mit dem Lächeln auf sie zukommt, wo **ihr** euch öffnet, wo **ihr** euch darstellt, nicht als Bekehrer, sondern euch zeigt in euren Unzulänglichkeiten, in eurem Grübeln, in eurem Suchen, von euren Enttäuschungen sprecht, da beginnen sie Vertrauen zu leben: Da ist ja einer, der ist genauso wie ich, aber der ist trotzdem nicht genau wie ich, da ist noch etwas anderes an ihm. Er hat die gleichen oder die ähnlichen Erfahrungen, ja, aber er sprüht vor Leben.

Und seht, das ist ja das Thema. Ihr könnt aus Lebenssituationen, durch die ihr gegangen seid, durch die ihr geführt worden seid, immer eine Entscheidung treffen, ihr habt ein Entscheidungsziel – für die Resignation oder für das Leben, für die Liebe. Und ihr beweist: Von was du redest, daß ist mir alles nicht neu, da kann ich gut mitreden, aber… ich bin dadurch nicht gebückt und gebeugt worden, sondern ich bin daran gewachsen, ich bin gestärkt aus dieser Schlacht hervorgegangen. Und das macht euch zu Animateuren.

Und wenn ich diese Worte sprach von den lebend Toten, wie vielen begegnet ihr wahrhaft? Das ist ja nur ein ganz geringer Teil. Sprecht ihr eure Gebete für sie. Und in dem Maße, in dem ihr euer Bemühen lebt, in die Freiheit und damit in Liebe zu finden, in dem Maße potenziert ihr eure Lebensenergie. Und sie geht wie ein Windhauch…· Oder laßt mich einen viel schöneren Vergleich bringen: wie der Wind, der den Sand aufwirbelt. Ihr wißt alle, wie weit dieser Sand getragen werden kann von dem Winde.

Und seht, das seid ihr, eure Lebensenergie ist wie der Wind. Und eure Liebe und eure Beachtung und eure Aufmerksamkeit für alles Leben ist wie der Sand, der auf die fällt, die in dem Hunger gehen, die in der Bedürftigkeit stehen – ja.

Laßt uns die Worte des Abschiedes sprechen. Seht das, was vor euch liegt, nicht als Last, sondern als eine große Aufgabe, als ein Thema, das bezwungen werden muß, das in die Meisterschaft geführt werden muß. Das ist das Ziel. Aber… geht leicht an das Thema, geht zuversichtlich an das Thema, geht freudig an das Thema. Denn geht ihr freudig in einer Bitte, wie könnte da verweigert werden! Geht ihr freudig in die Betrachtung, wie könnte sich der Gegenstand, den ihr betrachten wollt, oder das Thema, das ihr betrachten wollt, wie könnte es sich euch verweigern!

Lebt ihr das Lächeln der Augen, lebt ihr das Lächeln des Mundes! Ist nicht ein Lächeln ein Zulächeln? Wie wunderschön. Ihr lächelt entweder euren Gedanken zu, die das Lächeln formten, oder ihr seht etwas, was euch in das Lächeln führt. Öffnet also euren Blick und öffnet eure Gedanken für das Lächeln, damit jeder in das Lächeln findet.

Und wir, wir helfen euch dabei mit all unsrer Liebe, wir legen sie euch in eure Herzen. Wir legen in eure Herzen die Leichtigkeit des Wollens, damit der Weg ein froher Weg wird.

Liebe, Licht, Freude und Glanz schenke der Höchste, der Ewige, der Einzige euren Herzen, segne sie mit der Kraft der Liebe.

Mein Friede, er geht an eurer Seite,
EMANUEL

Der zweite Schlüssel zur Freiheit

Die Achtung und Beachtung des Lebens

Gott zum Gruße, meine geliebten Kinder, die Liebe und der Friede des Höchsten segne eure Herzen mit Frühling. Seht, warum mit Frühling? Frühling leben, es bedeutet das Erwachen der Natur. Frühling leben bedeutet, in Entfaltung zu gehen, in Ausdehnung zu gehen, in Farben und in Klang zu gehen.

Und seht, die Menschen, die in sich noch den Winter leben, es sind Menschen, die nichts wissen von der geistigen Welt, die nichts wissen von der Freiheit des Geistes und von der Möglichkeit, daß die Seele Wachstum und Reifwerdung leben kann. Diese Menschen, sie leben die Starre des Winters, sie leben die Kälte des Winters, und ihre Freuden sind einfache Freuden, sind schlichte Freuden. Seht, warum sind es einfache und schlichte Freuden? Auch sie können Liebe und Teilhaben leben, selbstverständlich, aber doch nur dort, wo ihr Herze Anbindung lebt, wo ihr Interesse hingeht. Aber… das bedeutet doch nicht, Evolution zu leben, das bedeutet doch nicht Reifwerdung und Wachstum zu leben. Es bedeutet, auf der Stelle zu treten.

Frühling, Entfaltung! Die Sinne, sie werden in die Herausforderung gestellt. Und seht, überall dort, wo die Sinne Bewegung leben, ist ein Einsammeln. Und dort, wo ein Einsammeln ist, kann Bewußtwerdung gelebt werden. Und ihr, die ihr wißt um die Möglichkeit des Wachstumes der Seele, und ihr, die ihr steht in einem wachen Geist, ihn immer stärker läutern wollt, lebt ihr eure Freude! Lebt ihr die Ausdehnung, wollt nicht innehalten!

Ein wahrer Eiferer des Höchsten, er **kann** gar nicht innehalten. Berührt geht er in allem, was seine Sinne wahrnehmen. Und seht, und darum wollen wir unsere heutige Begegnung unter das Thema stellen: **Achtung und Beachtung des Lebens.**

In unserer letzten Begegnung legten wir die Basis für unsere Gespräche: das Gebet und die Meditation. Denn Menschen, die gehen in dem Gebete und in der Meditation, sie leben Gott Öffnung. Sie leben Wissen um Ihn, und Vertrauen in Ihn. Und darum ist das Gebet und die Meditation die Basis der geistigen Entwicklung, der Entfaltung der Seele.

Heute wollen wir besprechen **die Achtung, die Beachtung des Lebens.** Seht, ihr alle habt schon erlebt, es ruft ein Mensch: Achtung, Vorsicht! Es bedeutet: Er ruft euch eine Warnung zu, aufmerksam, Wachsamkeit zu leben, damit ihr nicht zu Schaden kommt.

Achtung leben, es bedeutet, mit den Sinneswahrnehmungen zu arbeiten. Seht, die Seele, sie wird gespeist, sie erfährt Reifwerdung über die Sinneswahrnehmungen. All das, was ihr Berührung nennt. Der Geist, er lebt Nahrung über die Gedanken. Also, laßt uns zurückkehren zu der Seele. Ihr wollt die Seelenreife leben. Eure Seele soll die Freiheit erfahren, damit sie endlich ohne Körper leben kann. Das heißt nun, es ist erforderlich, daß ihr berührbar werdet, daß ihr aufmerksam werdet, daß ihr achtsam werdet. Dann überall dort, wo ihr aufmerksam werdet, achtsam werdet über diese Sinneswahrnehmungen, kann der Geist diese Informationen bearbeiten, kann der Geist an diesen Informationen Reifwerdung leben, kann der Geist durch diese Informationen die Seele speisen. Und nun seht: Achtsamkeit, Achtung leben, es ist ein Einsammeln von Geschehnissen, von Ereignissen, von dem, was sich um euch bewegt, was sichtbar ist, was hörbar ist, was fühlbar ist.

Und ihr wißt selbst, wieviel ist um euch herum hörbar, sichtbar, fühlbar und selbstverständlich auch riechbar. Aber…

wie häufig gehen die Gedanken verflochten in einem Thema, angebunden an ein Thema, und die Sinneswahrnehmungen können nicht die Botschaft dessen, was sie erfassen, an den Geist weitergeben. Denn er geht abgeschlossen in seinem Thema. Das heißt also, ihr könnt nicht einsammeln. Oder ihr sammelt ein, aber ihr könnt nicht verwerten das Eingesammelte. Und all das, was ihr einsammelt und nicht verwerten könnt, fällt in das Unterbewußtsein, lagert sich dort ab, oder es prallt an euch ab. Je nachdem, von welcher Schwere, von welchem Ausmaße es ist, was eure Sinne wahrnehmen, der Geist jedoch nicht zuläßt.

Um die Reifwerdung der Seele leben zu können, ist es also wichtig, daß ihr zum einen in dem bewußten Einsammeln geht, in der Achtsamkeit geht, und zum zweiten ist es wichtig, daß ihr euren Geist geöffnet haltet für das, was die Sinne aufnehmen, wahrnehmen. Denn nur, wenn dieses Zusammenspiel ist, könnt ihr aus der Erfahrung Nutzen ziehen, kann die Seele Reifwerdung leben.

Nun laßt uns nehmen ein ganz einfaches Beispiel:

Ihr steht in der Zeit des Frühlings. Wieviel verändert sich plötzlich um euch. Noch vor wenigen Tagen zeigten die Bäume nicht Blätter. Und nun hat es begonnen zu grünen, zu sprießen. Selbstverständlich habt ihr dies alle wahrgenommen. Aber... was zeigt sich noch? Auch die Käfer gehen wieder in Bewegung, auch sie nehmen wieder Teil an diesem Frühling, an dem neuen Leben, und sie wahrzunehmen bedarf der größeren Beachtung, der größeren Achtsamkeit. Es bedeutet: Der Geist muß Präsenz leben, damit euch das Kleine in den Sinn kommt, von den Sinnen wahrgenommen wird. Und seht: Das ist das Geheimnis des Lebens und des geistigen und seelischen Wachstumes, das **Kleine** wahrzunehmen. Das Große ist für alle sichtbar, aber... wieviel Kleines gibt es, wieviel Vielfalt gibt es, über die leicht hinweggesehen wird.

Aber… Gott wahrnehmen wollen bedeutet, Ihn allumfassend wahrnehmen, nicht nur in Einblicken oder in Ausschnitten, sondern Ihn ganzheitlich wahrnehmen wollen. Darum ist es wichtig, immer wieder das Innehalten zu leben, das Stehenbleiben zu leben und bewußt zu sagen: Ich will **hier** einen Moment verweilen, um Achtung zu leben, damit ich Beachtung leben kann. Das ist der erste Schritt. Denn wenn ihr anfangt, Beachtung zu leben, eine vielfältige Beachtung, geht ihr in Ehrfurcht, seid berührt von der Größe des Höchsten, wird euch erst wirklich bewußt, welch eine Größe Gott geschaffen hat, welch ein unbenennbares Werk. Die Worte reichen nicht aus, um diese Größe in der rechten Form zu beschreiben.

Und ihr wißt selbst, die größten Ereignisse, die größten Berührungen eures Lebens, sie sind nicht in Worten wiederzugeben. Die Worte sind dann nur noch ein Abklatsch, nicht mehr das Original. All das, was eure Seele wahrhaft berührt, läßt sich nicht in Worten formulieren. Und genau das ist der Stand, den ihr erreichen sollt, herauszuwachsen aus dem Formulierbaren, hineinzuwachsen in das Unformulierbare.

Wieso das nun? Ihr sollt ja in dem Gespräche miteinander gehen, selbstverständlich sollt ihr dies. Und das wird euch auch nicht genommen, aber es bedeutet: Wenn **ihr** nicht mehr formulieren könnt, was ihr empfindet, steht ihr mit der geistigen Welt in dem Gespräche, lebt ihr den Einblick und die Wahrnehmung des Kosmos, beginnt ihr in der göttlichen Liebe zu schwingen.

Und ihr wißt alle: Menschen haben versucht, solche Einblicke zu beschreiben, und sie fanden nicht die rechten Worte. Also… Achtung, Beachtung des Lebens, das bewußte Innehalten, das Euch-Umblicken, das bewußte Hinhören oder Riechen oder Schmecken, um ganzheitlicher wahrzunehmen. Und dann wird euer Geist das, was eure Sinne wahrgenommen haben, verarbeiten. Und er wird formulieren: „**Wie groß, Herr, ist das, was Du** uns zum Gebrauche und zur Freude geschenkt hast, was Du um uns herum gestaltet hast!"

Und der nächste Schritt: Wenn ihr in diese Beachtung geht, in diese Achtsamkeit, beginnt ihr euch selbst mit ganz anderen Augen zu sehen, beginnt ihr euch zu sagen: Auch ich bin gestaltet von der Liebe des Höchsten, auch ich lebe seinen Ausdruck. Und die Freude eures Herzens über all das, was euch berührt, läßt euch mit euch in die Beachtung gehen.

Wie viele Menschen leben sich Beachtung? Jetzt könnt ihr sagen: "Sehr viele." Aber welcher Art ist diese Beachtung? Ist es nicht häufig eine sehr weltliche, eine sehr oberflächliche Beachtung? Sind meine Haare schön geschnitten? Sitzt das Kleid gut? Hat das Kind auch das Frühstücksbrot mitgenommen? Wie werde ich meinem Freund ein schönes Geschenk machen? Mit was soll ich ihn erfreuen? Seht, da geht ihr mit euch in der Beachtung und in Beachtung dessen, wo ihr Aufmerksamkeit schenkt. Aber... ist das wahrhaftig ein Euch-Beachten? Ein Sich-Beachten bedeutet zu hinterfragen: Was will ich, was soll mein Lebensziel sein? Wo sind meine Ideale, was will ich für mich in die Umsetzung führen, wo liegen meine Möglichkeiten, und wo liegen meine Fähigkeiten, wo liegen meine Schwächen? Die Begegnung mit sich selbst, das **Du** mit sich selbst leben, es bedeutet, sich kennenzulernen. Es ist wichtig, um euch kennenzulernen, immer wieder in das Überlegen zu gehen: Warum habe ich das jetzt getan? Warum habe ich das jetzt gesagt, welch ein Motiv stand dahinter? Denn wie häufig handelt ihr aus einer Gewohnheit, aus einem Reflex, gebt Antworten, und eure Gedanken, sie sind ganz woanders. Also... das Innehalten, um zu überlegen: Warum lebe ich diese Handlungen, warum lebe ich diesen Ausdruck? Ist er wahrhaft stimmig? Ist das, was ich lebe, wahrhaft **Ich**?

Ihr werdet sehen, wenn ihr mit euch in diesem Prüfen geht, wie viele Handlungen ihr lebt, wie viele Worte ihr sprecht, und es ist nicht euer Ausdruck. Es ist, als würde ein Double da in die

Bewegung gehen, euch die Führung aus der Hand nehmen. Haltet also inne, geht immer wieder in das Hinterfragen: Warum denke ich so? Warum habe ich das gesagt, warum habe ich so gehandelt? Welch einen Zweck verfolge ich damit? Bringt er meine Seele in Reifwerdung, oder verwischt dieser Ausdruck mein Seelenbild?

Noch immer geht ihr sehr stark verwischt. Noch immer lebt ihr ein großes Euch-Verleugnen. Und ihr wißt die Gründe: Bequemlichkeit, Unsicherheit, Desinteresse und darum das Sich-nicht-klar-zum-Ausdruck-Bringen, das Sich-nicht-Äußern, Angst oder das Erkaufen von Liebe. Die unterschiedlichen Motive gibt es da.

Es ist also von höchster Dringlichkeit, immer wieder zu hinterfragen: Warum, wozu? Und wenn ihr hier mit euch ganz ehrlich werdet, beginnt ihr ein Aussortieren zu leben, und damit fangt ihr an, euch Achtung zu leben.

Nun ist es so: Ihr geht in Lebensgemeinschaften. Nicht geht ihr als Eremiten, nicht lebt ihr hinter Mauern, sondern ihr lebt die Begegnung mit Menschen in eurem Alltage. und wie häufig würdet ihr gerne anders handeln, und die Umstände erlauben es euch nicht. Wo ist da die Achtung? Wie könnt ihr da Achtung vor euch leben, wenn ihr in den Kompromiß geht oder in die Anpassung, in die Unterordnung? Seht, auch hier ist die Möglichkeit, wenn Anpassung und Unterordnung erforderlich sind, daß ihr euch noch die Achtung lebt. Und wie? Ganz einfach! Es ist wichtig, daß ihr für euch erkennt: wer bin ich, was will ich? Und daß ihr euch in diesem Ausdrucke eurer Umwelt darstellt. Und wenn die Lebensumstände, die Situationen nicht ermöglichen, nicht erlauben, daß ihr euch in eurem Willen, in eurem Selbstausdrucke lebt, dann geht in die Anpassung, aber nie in das Euch-selbst-Verleugnen. Es bedeutet also, daß ihr sagt: „Das finde ich gut!" oder „Das finde ich nicht gut!", daß ihr dem anderen euch darstellt.

Und selbst wenn dann ein sich Einfügen, oder ein Unterordnen sein wird, oder sein muß, so habt ihr euch nicht verleugnet. Ihr habt euch zurückgenommen.

Und seht: Das Wechselspiel mit den Menschen macht die Lebensgemeinschaft erst möglich, wenn ihr die Kraft lebt, euch zurückzunehmen. Und hier könnt ihr genau prüfen: Nehmt ihr euch zurück, und euer Herze lebt Verbitterung und Wut, und eure Gedanken sind Gedanken der Verachtung, da wollte das Ego sich befriedigen, da wollte das Ego in die Entfaltung gehen. Doch dort, wo ihr Anpassung leben könnt und auch Unterordnung, aber unberührt bleibt, ein Bedauern, selbstverständlich, aber… das Herze die Neutralität lebt, stehenlassen kann und die Gedanken in der Einfachheit stehenbleiben, das bedeutet: nicht in der Bewertung, nicht in den Gedanken der Verachtung, dort lebt ihr Ausdruck der Demut. Und überall dort, wo ihr echte Demut lebt, könnt ihr nicht eure Seele unterdrücken. Das ist ein großes Geschenk Gottes. Es ist ein großes Geheimnis.

Seht, wir wollen ein Beispiel nehmen:

Ihr kommt in eine Lebenssituation, ihr sagt: „Was ist zu tun? Ich bin gelähmt, ich kann nicht verändern." Ihr habt zwei Wege, ihr habt zwei Möglichkeiten. Ihr könnt in Wut, in Verbitterung gehen, daß hier sich eine Situation stellt, die ihr nicht lösen, auflösen oder erlösen könnt. Und ihr könnt sagen: „Ich nehme an, ich will mich damit anfreunden." Das heißt nicht, die ungeliebte Situation zu lieben, nein, das ist zuviel verlangt, aber… sie zu akzeptieren. Und das bedeutet, in Demut gehen. Das bedeutet, den Widerstand aufzugeben. Und überall dort, wo ihr nicht mehr Widerstand lebt, ist der Lebensfluß.

Krank werdet ihr an Geist und Körper überall dort, wo ihr Widerstand übt. Denn Widerstand erzeugt in euch Druck. Die Lebenssäfte können nicht in dem Flusse gehen. Doch dort, wo ihr nicht im Widerstand steht, ist ein harmonisches Fließen, ist ein Ruhezustand. Und dies ist wunderbar zu erkennen für euch, wenn ihr in Lebenssituationen steht, die sich nicht nach euren Wünschen gestalten.

Beobachtet: Lehnt ihr euch auf, dann verhärtet ihr, eure Gedanken werden verbissen, und euer Körper beginnt in Schmerzen zu gehen. Ihr seid nicht mehr elastisch und darum nicht mehr belastbar. Alles wird zuviel. Die Überforderung setzt ein, weil die Gedanken permanent um das Thema kreisen. Doch dort, wo ihr den Widerstand aufgebt – wie gesagt, das bedeutet nicht das Akzeptieren, das bedeutet nicht das Gutheißen oder die Freude über diese Situation, sondern es bedeutet zu sagen: „Ich vermag es nicht zu ändern!" entweder weil es außerhalb eurer Möglichkeiten liegt oder weil ihr euch zu schwach fühlt, die Situation zu verändern, und dann geht in die Demut. Der Weg der Demut ist der schnellste Weg in die Selbstfindung. Denn wieviel ist wahrhaftig nötig, um **Gottesnähe** zu leben?

Überlegt, welche Ablenkungen ihr über den Tag hin lebt, welche bedeutungslosen Gedanken! Wenn ihr beginnt, diese Gedanken in eine größere **Gottesbeachtung** zu stellen, wird euer Leben reich sein. Denn das ist wiederum ein Geschenk so wie die Demut. Niemand kann euch die Freiheit der Gedanken nehmen. Und darum kann euch niemand in Knechtschaft halten. Eure Gedanken sind euer Eigentum. Und seht, darum ist es egal, ob ein Mensch in Lebensumständen der Fülle geht, sich an allem bedienen kann, um seinen Geist in Entwicklung zu bringen, oder ob ein Mensch in der Enge lebt, gefesselt geht, eingekerkert. Er hat die Freiheit seiner Gedanken. Und lebt er nicht die Kraft der Gedanken, bezogen auf die Lebensumstände, sondern... ausgerichtet auf Gott, wird er um sich herum nicht Enge fühlen, nicht Eingeschlossensein fühlen, wird er gar nicht eine Eingrenzung der Handlungsmöglichkeiten wahrnehmen, denn **er** ruht mit seinen Gedanken in Gott.

Die Achtung, die Beachtung des Lebens – sie bedeutet: über die Sinne wahrnehmen, einsammeln das, was die Seele in Nahrung stellt. Der Geist, er katalogisiert das, was die Sinne erfassen. Und ist es ein wacher Geist, ist es ein hoher Geist, wird er Beglückung leben über den Ausdruck Gottes. Und überall dort, wo ein Mensch Beglückung lebt über das, was von außen auf ihn zukommen kann, für ihn erkennbar werden kann, dort wird er mit sich vorsichtiger, dort beginnt er, sich in die Beachtung zu führen.

Ein Mensch, der beginnt, mit sich in der Beachtung zu gehen, das heißt also, in das Sich-Analysieren, in das Sich-Erforschen wie ein Forscher, der in unbekanntes Land vordringt, wie ein Wissenschaftler, der eine Erfindung machen will, ein Mensch, der sich auf eine solche Weise erforscht, wird eine Vielfalt an Möglichkeiten in sich erkennen, er wird eine Vielfalt an Unnötigkeiten in sich erkennen, und er wird beginnen zu sieben: Was will ich leben, und von was will ich mich verabschieden? Er wird also immer stärker zu seinem Wesenskerne vordringen, Essenz leben, Extrakt leben und damit Freiheit. Und ein Mensch, der sich diese Mühe macht, so mit sich zu arbeiten, sich auf diese Weise zu beachten, er wird beginnen, achtsam mit sich umzugehen, all das, was aussortiert ist, nicht wieder an sich heranlassen.

Ein Mensch, der in dieser Achtsamkeit mit sich umgeht, wird sich Achtung leben. Und da er weiß, welch ein schwieriger, welch ein anstrengender Weg es war, um in diese Achtung vor sich selbst zu finden, wird er beginnen, mit den Menschen, mit seinem Umfelde in Achtung zu gehen, wird also nicht in dem schnellen, in dem leichten Urteile gehen, in der Beurteilung, sondern er wird sich verdeutlichen: Dieser Mensch, ich lebe ihm nicht Nähe, er lebt einen anderen Ausdruck als ich, aber da ich nicht weiß, was seine Lernaufgabe ist, weil ich nicht weiß, welchen Ausdruck er in dem heutigen Leben lebt, will ich ihn stehenlassen und will die Bereitschaft leben, ihn in seinem Wahrheitsausdrucke zu akzeptieren.

Was bedeutet nun akzeptieren? Wie viele Menschen leben Handlungen, die nicht mit eurer Moral, mit eurem Gewissen, mit eurer Ethik konform gehen, wo ihr sagt: „Ich kann es nicht gutheißen." Es ist nicht notwendig gutzuheißen. Akzeptanz bedeutet nicht gutzuheißen, Akzeptanz bedeutet, wertfrei zu gehen. Und das ist euer aller Ziel. Denn wenn ihr nicht mehr die Bewertung lebt, könnt ihr nicht mehr in ein Fehlurteil gehen, denn ihr bewertet ja immer aus eurem Stande des Erkennens, aus eurer Seelenreife heraus.

Und seht: Je reifer eine Seele ist, umso wertfreier wird sie sein. Sie geht in dem Begleiten von Menschen, die sie nicht akzeptieren kann. Das bedeutet also, sie weiß, diese Menschen, sie gehen noch den Weg des Winters, sie leben noch nicht das Licht, sie müssen noch gelichtet werden – und darum das Begleiten. Nicht das Ausweichen, nein, das würde ja bedeuten, eine elitäre Schicht zu bilden. Dort, wo eine Seele wahrhaft Größe und Reife lebt, wird sie den Weg suchen zu denen, die noch in dem Schatten gehen, die noch die Dunkelheit leben, die noch den Hunger nach der Wahrheit leben.

Und seht: Die Achtung den Menschen leben, sie schließt ein, die Achtung der ganzen Welt zu leben. Und lebt ihr Achtung der ganzen Welt, dann lebt ihr Achtung dem Universum, und dann lebt ihr Achtung dem, der all dies geschaffen hat.

Das Gebet und die Meditation, wie wunderschön! Das Gebet, in die Zwiesprache mit Gott zu gehen. Die Meditation, das Innehalten, um in die Ruhe zu finden, um sich zu zentrieren. Aber… was nutzt das Gebet, was nutzt die Zwiesprache mit Gott, was nutzt die Meditation, wenn ihr nicht die Achtung lebt euch selbst und all dem, was Gott geschaffen hat. Wenn euch deutlich ist – und das ist es euch ja –, daß in allem Gott lebt, daß sich in allem Gott Ausdruck gibt **und daß Gott lieben bedeutet**, seinen Ausdruck zu lieben, und damit die Schöpfung zu lieben und damit **jeden** Menschen zu lieben, wenn euch das

34

bewußt ist, beginnt ihr, in die wahrhaft schwere Arbeitsphase einzutreten.

Denn ihr wißt selbst, wie viele Menschen gibt es, und euer Herze geht abgewandt. Ihr versucht, eine Neutralität zu leben. Aber… das Sich-Abschirmen und das Sich-Abschließen steht noch immer im Vordergrunde. **Wie schwer ist es, das Ungeliebte anzunehmen, in dem Ungeliebten den Ausdruck Gottes zu erkennen.**

Und macht euch deutlich: Ihr wollt in euren Frieden finden. Wollt ihr wahrhaft in den Frieden finden oder nur in die Zufriedenheit? Denn sich mit Menschen zu umgeben, mit denen ihr in dem Gleichklange geht, mit ihnen lebt ihr nicht Frieden, mit ihnen lebt ihr Zufriedenheit, denn ihr könnt mit ihnen gar nicht in das Streiten finden. Das bedeutet aber noch lange nicht, daß in euch Friede ist. Friede wird erst in eurem Herzen einkehren, wenn ihr allen Menschen, mit denen ihr den Alltag teilt, mit denen ihr Begegnung lebt, das verstehende Lächeln schenken könnt. Wenn allen Menschen, mit denen ihr Alltag und Begegnung lebt, ihr euer Lächeln der Augen und des Mundes leben könnt. Das ist dann nicht ein Höflichkeitslächeln, nein, wenn die Augen und der Mund in das Lächeln gehen, dann ist dies Ausdruck der Wissenden, der Verstehenden. Und dann kehrt der Friede ein. Und das ist ein ewiger Friede. Und der ewige Friede ist die Voraussetzung für die allumfassende Liebe. Die allumfassende Liebe, die göttliche Liebe – sind nicht die Aspekte dieser göttlichen Liebe die Achtung, die Geduld, die Großmut, die Nachsicht, das Vergeben und Verzeihen? Wenn das für euch nicht mehr über den Verstand in das Bewußtsein gerufen werden muß, sondern wenn diese Aspekte von euch gelebt werden, seid ihr zu Hause angekommen, dann gibt es für euch keine Arbeit mehr. Ihr habt mit euch den Frieden geschlossen und darum mit all dem, was sich Gottes Schöpfung nennt, und darum den Frieden mit Gott.

Solange ihr in der Ablehnung noch steht, in dem Abwehren, solange ihr noch den Widerstand lebt Menschen, Lebensumständen, so lange lebt ihr Widerstand Gott. Und ich möchte euch sagen, das ist ganz wichtig – denn ihr möchtet ja alle in diesen Frieden finden, in die Versöhnung, in die Vereinigung mit Gott – es ist wichtig, daß ihr euch nun nicht verleugnet, daß ihr nun sagt: „Ich soll nicht Widerstand leben, ich soll zulassen." Es ist wichtig, daß **ihr** hier nicht beginnt, Unmündige zu werden. Denn das Thema unserer heutigen Begegnung ist: Die Achtung, die Beachtung des Lebens. **Ihr** solltet mit euch in die Achtung finden, in die Achtsamkeit. Je tiefer ihr mit euch in diese Achtsamkeit und in diese Achtung findet, umso liebevoller, umso großmütiger werdet ihr und darum liebevoller und großmütiger mit eurem Umfelde. Und diese Art des Unberührtwerdens meine ich, des Nicht-mehr-Widerstand-Lebens.

Wenn ihr in euch verliebt geht – nicht die narzißtische Liebe, nein – wenn ihr euch die ganze Akzeptanz lebt, dann geht ihr verliebt in euch. Denn ihr werdet leicht, alles wird einfach. Ihr lebt euch nicht mehr die Kritik, sondern das Wohlwollen. Wenn ihr so mit euch geht, wird alles, was ihr über die Sinneswahrnehmungen aufnehmt, in Liebe verwandelt. Denn in dem Maße, in dem ihr mit euch die Großmut lebt, die Geduld und das Verzeihen, die Nachsicht, in dem Maße werdet ihr mit eurem Nächsten diese Tugenden leben. Wie schön!

Also..ein Weg vollen Bemühens. Und ein Weg, wo immer wieder ein Straucheln sein wird, ein Zurückfallen in alte Muster, in alte Rollen. Wie natürlich, wie menschlich! Also… wenn ihr die Tage des Zurückfallens lebt, geht nicht mit euch bitter, geht nicht mit euch in Abwertungen, geht mit euch in der Geduld, denn ihr wollt euch ja lieben lernen. Und ist da nicht die erste Tugend, mit euch Geduld zu leben?

Also… laßt die Geduld in den Vordergrund treten, wenn ihr erkennen müßt: Schon wieder bin ich an meinen Unzulänglichkeiten, schon wieder bin ich an meinen Gewohnheiten gescheitert! Laßt die Geduld leben! Denn seht, diese eure Lebensspanne, das Leben, in dem ihr steht, es dient doch ausschließlich dem Ziele, in die göttliche Liebe zu finden. Und wie häufig habt ihr die Vorstellung: Ich muß dieses in einer bestimmten Zeitspanne erledigen, damit ich dann noch ein paar ruhige Jahre habe. So wie ein Arbeitsprozeß, in den ihr eingebunden geht, und ihr wißt, irgendwann kommt das Rentenalter, da kann ich micht zurücklehnen. Genauso hetzt ihr häufig diesem Ziel entgegen: Ich will in der Liebe stehen, damit ich sie leben kann.

Ihr habt eine Seele, und diese Seele ist unsterblich. Die Seele wird also noch viele Leben lang die Liebe leben können. Und darum geht in den kleinen Schritten, denn die kleinen Schritte, sie sind nicht so ermüdend. Sie halten euch stärker in dem guten Willen und bei Laune. Geht in den kleinen Schritten, in dem geduldigen Schritt, damit ihr nicht an dem Leben vorbeieilt. Denn alles, was ihr erzwingen wollt, führt in den Gegendruck.

Geht in dem liebevollen Entschuldigen, dem Euch-Entschuldigen. Belächelt euch, wenn ihr euch in euren Rückfällen erlebt, wie ihr ein Kind belächeln würdet, das versuchte, mit seinen Spielsachen ein Haus zu bauen, was zusammenstürzt, und nun blickt es ganz erstaunt. Lächelt euch **so** zu, wenn das Haus, das ihr euch in euren Gedanken gebaut habt, wieder einmal in sich zusammenstürzt.

Denkt daran: Gott ist Liebe, Gott ist das ewige Lächeln, und er freut sich an eurem Bemühen. Euer permanentes Bemühen bringt das Lächeln. Das Ziel, seht, wenn das Ziel erreicht ist, dann werdet ihr in der Vereinigung mit Ihm gehen, und dann wird **eure** Aufgabe sein, denen, die noch den Winter leben, zuzulächeln, damit sie in ihr Bemühen finden, damit sie in ihre

Geduld finden. Auf dem Wege **zu** Gott lächelt ihr euch zu, und darüber geht in die Freude.

Die Liebe des Höchsten hält euch alle, hält jeden in Geborgenheit. Die Liebe des Höchsten zieht jeden zu Ihm zurück. Und ihr seid Gesegnete, weil ihr euer Ziel kennt, weil ihr nicht herumirrt und Suchende seid, sondern weil ihr Wissende seid. Und überall dort, wo der Geist Wissen und Erkennen lebt, steht er in der Handlungsfähigkeit. Und überall dort, wo die Handlungsfähigkeit ist, ist Evolution, nicht Depression, nicht Rückgang, nicht Stillstand, sondern ein permanentes Voranschreiten. Und lebt ihr eure Bereitschaft, mit euch in die Bearbeitung zu gehen, euch Beachtung zu schenken, damit ihr mit euch **achtsam** werdet und euch **Achtung** leben könnt.

Und wir, wir helfen euch dabei mit all unsrer Liebe. Sie liegt in euren Herzen. All unsre Liebe will euch lichten, will euch tragen durch die Zeiten der Unsicherheiten, der Traurigkeiten, der Verzweiflung. Unsre Liebe ist euch Wegbegleiter mit jedem Atemzuge, und darum wißt euch geschützt, geborgen und getragen.

Mein Friede, er geht an eurer Seite,
EMANUEL

Der dritte Schlüssel zur Freiheit

Die Bewunderung

Jeder Tag soll ein Tag sein, an dem ihr erwacht und an dem ihr Bewußtsein lebt, Freude und Dankbarkeit über diese Bewußtheit. Jeder Tag, in den ihr geht, es soll ein Tag sein, wo ihr des Abends mit leichtem Herzen euer „Danke, Herr!" sprechen könnt.

Gott zum Gruße, meine geliebten Kinder. Die Liebe, der Friede, der Segen des Höchsten durchflute eure Herzen und schenke ihnen die Kraft **der Bewunderung**. Seht, wie ist der Ausdruck der Bewunderung? Ein Mensch, der in Bewunderung steht, er blickt, er schaut, er horcht, und er geht beeindruckt. Warum geht ein Mensch, der Bewunderung lebt, beeindruckt? Seht, Bewunderung setzt voraus, daß ihr eine Resonanz lebt, daß ihr anstoßbar seid, daß ihr aufhören könnt, hinhorchen könnt. Das muß nicht mit den Ohren sein, nein. Es bedeutet, daß ihr Wahrnehmung lebt. Und überall dort, wo ihr diese Wahrnehmung, diese Resonanz lebt, erkennt euer Geist, erkennt euer Verstand, daß sich vor seinen Augen etwas vollzieht, was **er** nicht begreifen kann, was **er** nicht erfassen kann, was **er** nicht analysieren kann, sortieren und einordnen kann. Darum also das Stillestehen, das Bewundern, das Berührtsein, das Ergriffensein.

Um Bewunderung leben zu können, bedarf es also der Resonanz. Aber ihr wißt selbst, wie häufig lebt ihr Resonanz einem Thema, ohne daß eine Bewunderung ist. Viel häufiger lebt ihr eine Bedrückung, lebt ihr eine Verärgerung oder eine Verbitterung, ein Kopfschütteln. Also… diese Art der Resonanz führt nicht in eine Bewunderung, höchstens in eine **Ver**wunderung, daß ein anderer Mensch oder daß Situationen sich auf eine solche euch unvorstellbare Weise gestalten können.

Aber wir wollen nicht von der **Ver**wunderung sprechen, sondern von der **Be**wunderung. Denn **Be**wunderung bedeutet, in Lebensfülle geführt zu werden, in Lebensreichtum geführt zu werden. Warum eigentlich, warum führt Bewunderung in Lebensfülle und in Lebensreichtum? Seht, das ist ganz einfach. Ihr geht in einer Bewunderung, und das bedeutet, ihr vergeßt eure Lebensprobleme für eine Weile. Ihr geht gebannt und gespannt von dem, was sich da vor euch vollzieht. Ich sagte: Euer Verstand, euer Geist kann nicht begreifen, kann nicht analysieren, er kann nicht nachvollziehen. Und überall dort, wo euer Geist, euer Verstand nicht nachvollziehen kann, nicht einsortieren kann, lebt ihr ein Erstaunen, ein Innehalten, ein Nachdenken: Wie hat sich das gefügt? Woher hat sich gefügt? Ihr wollt verstehen und erkennen. Doch überall, wo ein Verstehen und Erkennen ist, ist nicht mehr eine Bewunderung, da habt ihr in dem Griffe, haltet ihr fest, ihr durchschaut, ihr durchblickt. Aber nun überlegt: Wieviel nimmt wahrhaft ein Mensch bewußt auf? Wieviel weiß wahrhaft ein Geist? Ist es nicht vielmehr so, daß ihr seid wie ein Haus, ein Haus mit einem schönen Garten – ihr, das Haus? Ihr richtet euch ein. Das bedeutet: Ihr gestaltet dieses euer Haus, ihr stellt die Möbel so, wie es euch schön erscheint, ästhetisch erscheint, ein wenig Zierrat, damit es gemütlich wird, damit ihr euch darin wohlfühlt. Das seid ihr. Ihr sammelt für euch ein, so wie ihr Möbel einsammeln würdet oder Bilder oder Teppiche oder Gegenstände für dieses euer Haus.

Ihr sammelt also ein: Erkennen, Verstehen. Ihr wollt euch begreifen, damit ihr mit euch Sicherheit lebt. Und blickt ihr aus den Fenstern des Hauses, so nehmt ihr bis zu einem bestimmten Horizonte wahr, könnt also beobachten und könnt in den Griff bekommen all das, was sich euch innerhalb dieses Radius zeigt.

Da steht ein Baum, und ihr wißt, er steht im Winter blattlos, in dem Frühling zeigen sich die Blätter, die Vögel nisten in ihm, im Sommer steht er in seinem vollen Wuchse. Und ist es ein Baum, der Früchte trägt, so werden in dem Herbste die Früchte in ihm hängen.

Und das laßt uns nun übersetzen: Es sind die Menschen innerhalb eures Umfeldes, mit denen ihr Begegnung lebt, mit denen ihr zusammenlebt, mit denen ihr Kontakt lebt. Durch euer Euch-mit-ihnen-Konfrontieren macht ihr sie euch vertraut. Aber wie vertraut seid ihr wahrhaft mit ihnen? Ihr habt eine Vorstellung von ihnen, und sie haben eine Vorstellung von sich. Und ihr öffnet euch, aber... wer kennt sich denn selbst wahrhaftig? Ihr könnt nur das an euch kennen und verstehen, was ihr bereits durchlebt habt, wo ihr Erfahrungswerte gesammelt habt, wo ihr Erkenntnis gesammelt habt, wo ihr in Situationen gestanden habt. Und wie vieles in euch ist noch unentdeckt, ist noch gar nicht in Bewußtheit. Und so geht es auch eurem Gegenüber. Also... lebt ihr euch im Grunde nur ein geringes Maß an Verstehen, an Erkennen, an Vertrautheit. Das, was ihr voneinander kennt, das macht euch **mit**einander vertraut.

Ich will also damit zum Ausdrucke bringen: Nur in einem ganz geringen Maße lebt ihr wahrhaft ein Durchschauen, ein Durchblicken. Euer Haus, ihr glaubt es zu kennen. Das Umfeld, wenn ihr aus eurem Fenster blickt, glaubt ihr zu kennen, weil es euch immer wieder sich präsentiert. Aber... was ist hinter diesem Horizonte, da ist doch auch noch Welt, da ist doch auch noch Leben und Geschehen? Und jetzt sprechen wir nur von eurer Erde, aber da gibt es auch noch einen Kosmos. Und ihr lebt im Grunde nur ein vages Ahnen. Es ist nicht ein Durchblicken, ein Durchschauen.

Ich will damit sagen: Ihr seid ewig Suchende. Ihr seid im Grunde ewig Schlafende, Träumende. Und alle Weisen und alle Erleuchteten sprechen davon: Erst wenn die Gottverbundenheit gelebt wird, das Einswerden mit Gott, wird sein das Erwachen aus dem Schlafe. Der Schleier wird von den Augen gezogen, und das Auge der Wahrheit durchschaut, durchblickt alles. Nicht nur das, was die Sinneswahrnehmungen euch schenken, sondern das, was dahintersteht, das, was dahinter lebt.

Seht: ein Wunder, was ist ein Wunder? Ein Wunder ist das Sichtbarwerden, das Fühl- oder Greifbarwerden von Feinstofflichem, was in die grobstoffliche Form gefunden hat. Und weil es häufig für euch überraschend kommt, unvorbereitet, daß Unsichtbares, was sich formte nach einem Gesetze, für euch plötzlich sichtbar wird, euch eine Situation präsentiert, steht ihr in der **Ver**wunderung, lebt eine tiefe Berührung, die in eine **Bewun**derung mündet – wie schön.

Ich möchte euch mit diesen Worten verdeutlichen: Überall dort, wo ihr ein Wunder erlebt, und viel häufiger, als ihr glaubt – euer Blick, eure Wahrnehmung geht zu wenig geöffnet für die Wunder – überall dort, wo ihr Begegnung mit einem Wunder lebt, mit einer Manifestation von Feinstofflichem, fühlt ihr den Atem Gottes, werdet ihr berührt von Gott, schenkt **Er** euch Signale, damit **ihr** nachdenkt, damit ihr heraustretet aus euren Lebensproblemen, aus euren Lebenssorgen und Lebensängsten, daß euch bewußt wird: Da gibt es eine Instanz, da ist eine Kraft, sie ist so unendlich groß, daß sie auch meine Themen lösen kann und auflösen wird.

Wie zeigen sich Wunder? Ist es euch nicht schon passiert: Ihr entdeckt plötzlich eine Gabe, eine Fähigkeit in euch, durch einen Anstoß von außen werdet ihr darauf aufmerksam gemacht? Wie viele Anstöße erhaltet ihr, aber... ihr geht nicht aufmerksam? Das bedeutet also: Um zu beachten, um beachten zu können, müßt ihr euch leeren, heraustreten aus euren Lebensproblemen, um die ihr kreist wie die Fliege um den Honig, sie für eine Weile vergessend, um geleert zu sein. Denn nur, wenn ihr geleert geht – und das seid ihr meistens dann, wenn ihr in einem Wachtraume geht, damit will ich nicht sagen, daß ihr Bilder eines

Traumes erhaltet, sondern daß ihr seid wie Träumende, das Umfeld um euch nicht bewußt, nicht mit dem Verstande, mit dem analytischen Verstande wahrnehmt – immer dann, wenn ihr auf diese Weise geleert seid, könnt ihr solche Berührungen, solche Hinweise, solche Anstöße empfangen. Sie dringen in euer Bewußtsein. Ihr geht in das Erproben. Und was geschieht nun?

Ihr lebt plötzlich diesem Thema eine Hingabe. Und weil ihr eine Hingabe lebt, schenkt ihr diesem Thema eure Liebe. Und zu dieser Liebe gesellt sich die Freude. Und seht: Darum kann dieses Werk besonders schön gelingen, steht ihr davor und sagt: „Wie wunderschön! Ich wußte gar nicht, daß ich dazu in der Lage bin, daß ich so etwas kann." Ihr beglückt euch selbst. Und seht: Was ist noch ein Wunder, was gibt es noch zu bewundern?

Ein Stück Eisen liegt da an der Straße, am Straßenrand. Wer beachtet ein Stück Eisen? Ihr seht es vielleicht und denkt: „Hoffentlich stürzt niemand, damit er sich nicht verletzt." Aber da ist ein Mann, und er versteht sich auf die Kunst des Schmiedens. Und aus diesem Metall formt er eine Tür, ein Tor oder ein Geländer. Er gestaltet nach seinem Können, nach seinem Vermögen. Und er legt hinein seine Liebe, er legt hinein seinen Ehrgeiz. Schön soll es werden! Und ist das Werk vollendet, was wurde aus diesem Stück Eisen? Es wurde Poesie, es wurde Harmonie, Ästhetik und sogar Leichtigkeit. Seht: und wenn ihr den Blick für dieses Wunder habt, dann werdet ihr davorstehen und sagen: „Welch eine Gnade lebt dieser Mensch, wie wunderschön!"

Und wenn ihr diese Berührung lebt, dann wird diese eure Berührung diesen Menschen erreichen. Und es ist ganz unwichtig, ob ihr ihn kennt, ob ihr ihm eure Worte der Bewunderung sprecht. Es ist ganz unwichtig, ob er noch über diese eure Erde geht. Eure Bewunderung und eure Freude sind ein Liebesausdruck, sind wie ein Liebesgruß an ihn. Und da er schuf, da er der Schöpfer dieses Werkes war, lebt er mit seinem Werk eine Verbindung. Ein Verhältnis ist da geschaffen. Und selbst in der geistigen Welt wird diese Verbindung und dieses Verhältnis nicht gelöst. Denn das, was ihr auf dieser eurer Erde hinter euch laßt, trägt euren Ausdruck, euren Stempel. Und das bedeutet: Eure Bewunderungen sind wie ein Kartengruß an ihn, sind ein Gruß in die geistige Welt.

Die Bewunderung, was bedürft ihr zur Bewunderung?

Seht, um bewundern zu können, ist wichtig das Innehalten, ist wichtig das von sich Absehenkönnen für eine Weile, Abschied und Abstand nehmen von all dem, was euren Blick gesenkt hält, gefangenhält, euren Blick verschleiert hält. Um Bewunderung leben zu können, bedarf es also des Stillestehens, damit eure Sinneswahrnehmungen ausschweifen können, um Informationen einzusammeln.

Jetzt haben wir davon gesprochen, daß auch ihr in Gaben steht, in Möglichkeiten, die ihr wie ein Wunder betrachtet, daß ihr die Schöpfungen anderer Menschen wie ein Wunder betrachtet. Nicht immer muß Feinstoffliches sich in Grobstoffliches manifestieren, um für euch als Wunder zu gelten. Nein – so vielfältig ist der Ausdruck des Wunders.

Nun haben wir noch gar nicht davon gesprochen, mit welchen Wundern euch Gott berührt, beschenkt; ihr geht überfüllt mit der Vielfältigkeit, die Er geschaffen hat, und darum findet ihr gar nicht in die wahrhafte Beachtung. Denn überall dort, wo Fülle ist, ist leicht die Überforderung, die Übersättigung. Wer denkt darüber nach, daß aus einem Samen ein Baum wächst? Ihr wißt es, aber wer vollzieht in sich dieses wunderbare Leben, daß aus einem unscheinbaren Samen, aus einem unscheinbaren Kerne ein Baum entsteht, und daß in diesem Samen, in diesem Kerne schon der ganze Baum beinhaltet geht mit seinen Daten. Das bedeutet: mit seiner Lebensspanne, mit all dem, was er an Erfahrungen sammeln will. Und seht, wer denkt darüber nach? Ein Korn wird in den Boden gelegt, und was wird sein? Eine Ähre! Aus einem Korn werden viele Körner. Und seht, überall dort, wo aus Einem, aus einer Einfachheit Vielfältigkeit wird, wo aus Einem viel wird und es zum Segen der Menschen reicht oder der Kreatur – laßt mich sagen, der Kreatur, denn die Tiere leben auch von diesen Körnern – also, überall dort, wo aus Einem Vielfalt wird zum Segen der Kreatur, dort ist Gottes Werk, dort erkennt ihr den Ausdruck der Liebe. Denn die Liebe mehrt. Die Liebe schneidet nicht ab, die Liebe nimmt nicht fort, die Liebe ist Überfluß. Aus Einem wird Vielfältigkeit.

Und überall dort, wo aus vielem wenig wird, könnt ihr das Werk der Vernichtung erkennen. Dort könnt ihr das Werk derer erkennen, die nicht in dem Liebesstrom des Höchsten gehen, die sich selbst für das Höchste und das Wichtigste in diesem Leben auf dieser Erde ansehen. Wie leicht ist da zu sortieren!

Aber laßt uns nicht abschweifen von dem Thema. Ich will euch sagen: Bewunderung – ich sagte, es gehört dazu die Resonanz, die Empfindsamkeit für ein Thema, um sich darauf einzulassen, um sich damit zu konfrontieren. **Und ihr lebt die Aufgabe, euch für diese Wunder, für diese Bewunderung zu sensibilisieren.**

Wir sprachen in unsrer letzten Begegnung von der Achtung und der Beachtung des Lebens. Der Mensch, der sich nicht beachtet, wird nicht Bewunderung leben können. Nun laßt es uns noch verdeutlichen: Wie viele Menschen beachten sich in einem übergroßen Maße, leben eine große Empfindsamkeit mit sich. Aber häufig ist es nur der Ausdruck des Ego. Und ihr könnt es immer daran erkennen: Wenn ein Mensch sehr schnell verletzt geht, gekränkt geht, beleidigt geht auf ein Wort des Hinweises, der Kritik oder der Verärgerung, ist immer das Ego am Werke, ist dieser Mensch also noch gefangen und befangen von seinem Ego. Und überall dort, wo ein Mensch in der Konfliktfreudigkeit geht, also in der Auseinandersetzung, um Klärung zu erfahren, um verstehen und begreifen zu können und sich nicht berühren läßt, verletzen läßt von den Vorwürfen und den Anklagen des anderen, dort wird ein großes und starkes Selbstvertrauen gelebt. Und dieses große und starke Selbstvertrauen ist voller Einsicht. Jeden Tag in Selbstvertrauen gehen bedeutet nicht einsichtslos zu gehen, sondern es bedeutet: zuhören zu können, überdenken zu können, seine Schlüsse zu ziehen und in die Handlung zu gehen. Und das bezeichne ich: **sich Achtung leben, sich Aufmerksamkeit leben.**

Und seht, um in die Bewunderung zu finden, ist es wichtig, daß ihr mit euch in der Achtung geht, daß das Ego nicht mehr Nahrung erhält durch einen überspannten Willen. Denn dort, wo das Ego lebt, in dem Vordergrunde steht, kreist ihr um euch selbst und habt nicht den Blick für das, was um euch ist. Es sei denn, daß dies, was um euch ist, euch bedient, euch zu Nutzen sein kann.

Aber die Bewunderung, sie fragt nicht nach Nutzen, sie fragt nicht nach Eigengewinn – nein. Die Bewunderung, sie ist Ausdruck der Freude, des Erstaunens, des sich Bewußtwerdens seiner Kleinheit, seiner Einfachheit, seiner wahren Hilflosigkeit, seines Unvermögens.

Der Mensch, der in einer Beachtung seiner selbst steht, lebt in sich geordnet. Er geht in der Kraft, seine Gedanken, seine Worte und seine Werke in die Harmonie zu führen – häufig zumindest. Und das bedeutet: Weil er in sich geordnet geht, kann er den Blick nach außen wenden, hat er die Zeit und die Muße, den Blick nach außen zu wenden.

Und ich möchte euch animieren – es ist so wichtig: Haltet immer wieder bewußt inne, stellt euch für eine Weile hin, laßt euren Blick schweifen, leert euch von den Tagesberührungen, von euren Problemen. Laßt euren Blick schweifen und laßt ihn ruhen auf irgendeinem Gegenstand, auf einer Blume, einem Tier – egal, was ihr seht – und blickt ganz in Ruhe an und fragt euch: Wie wurde geschaffen? Fragt euch: Wie konnte eine solche Vielfältigkeit entstehen? Wie konnte eine solche Fülle entstehen? Und sagt euch, verdeutlicht euch: Ihr lebt in einer Zeit,

wo Vernichtung ist. **Ihr lebt in einer Zeit des Abbaues und des Abbruches. Aber… die Natur, sie geht unverändert in ihrem Bemühen weiter, zu leben und Leben zu zeugen. Nicht geht sie resigniert, nein, sie geht unbeeindruckt von diesem Abbau, der durch Menschenwille und Menschenhand entsteht. Sie lebt, sie lebt den Drang des Sich-Vermehrens, des Mehrens, weil dies ihr Auftrag ist, weil dies der Ausdruck Gottes ist.**

Wenn ihr euch all dies bewußt macht, euch sagt: „Jetzt sehe ich diesen Vogel, und er singt sein Lied, er putzt sein Gefieder, oder er wippt in dem Baume", dann seht ihr ihn, ihr freut euch an ihm. Seht, das ist schön, sich an einem Vogel zu erfreuen, den ihr beobachtet, aber es ist zu wenig. **Versucht, diesen Vogel ganz in euch aufzunehmen, euch tiefer von ihm berühren zu lassen, in Gedanken mit ihm in das Gespräch zu gehen.** Ihn nur nett und niedlich finden und reizend, das bedeutet, Abstand zu ihm zu halten, das bedeutet, ihn sich überlassen und euch abgeschlossen halten. Aber… ihn betrachten und bewundern, die Vielfalt seines Ausdruckes, seine Unbestechlichkeit und seinen Eifer, sein Nie-Erschöpfen, seht, das bedeutet, mit ihm ein Band zu knüpfen. Und es bedeutet, **euch** zu erkennen, eure Abhängigkeit. Es bedeutet zu erkennen, daß dies alles, diese eure Erde, dieses **euer** Leben und das Leben, was auf dieser Erde ist, daß dies alles ein großer Plan ist, daß dies alles wunderbar gefügt wurde und sehr sorgfältig bedacht und berechnet wurde, damit das ökologische Gefüge in dem Gleichgewichte bleibt. Zumindest ist es so gewesen in der Vergangenheit. Aber… es macht nicht Sinn, nur weil auf dieser eurer Erde heute eine Veränderung stattfindet, ein Abbau, in die Resignation zu gehen oder in das Bedauern, **sondern es macht Sinn, das Lied der Freude anzustimmen, das Lied des Dankes!**

Was für einen Vorteil zieht ihr eigentlich für euch aus der Bewunderung, aus der Kraft der Bewunderung? Wie zeigt sich ein Mensch, der die Kraft, die Gabe, die Fähigkeit der Bewunderung lebt? Er, er hat erkannt, daß **er** ein Teil des großen Ganzen ist, daß er ein Liebesausdruck Gottes ist und daß seine vielen Sorgen und vielen Nöte gar nicht Gewicht leben. Daß diese Sorgen und diese Nöte ihm ausschließlich Signale setzen wollen, um den Blick zu Gott zu wenden und damit in die Freiheit zu finden.

Es bedeutet: Ihr lebt ja häufig Lebensschicksale und Lebensumstände, und sie lassen sich nicht verändern, ihr müßt euch mit ihnen arrangieren. Aber ihr habt die Freiheit, zu ihnen euer **Ja** zu sprechen, und ihr habt die Freiheit, euch dagegen zu stemmen, zu verbittern. Und überall dort, wo Sorge und Kummer ein Übergewicht leben, stemmt ihr euch dagegen, sagt ihr nicht zu Gottes Willen **Ja**, sondern ihr geht im Grunde gekränkt, beleidigt, daß Er euch solche Themen geschickt hat.

Um in die Kraft der Bewunderung zu finden, bedarf es also des Stillewerdens, bedarf es des Zuhörenkönnens, bedarf es, sein Herze zu weiten, um Berührung zu erfahren. Der Gewinn für einen Menschen, der die Kraft der Bewunderung lebt, es ist Geborgenheit, es ist das Sich-Bewußtwerden: Wer eine solche Schöpfung zustande gebracht hat, wer in der Lage war, eine solche Vielfalt zu schaffen, die wir nicht ergründen können, die wir nicht begreifen können, deren Ursprung wir nicht nachvollziehen können, wo könnte **ich** da unbeachtet bleiben, wo könnte ich da Verlassenheit leben?

Ein Mensch, der die Kraft der Bewunderung lebt, er ist wie ein Kind, das nach der Hand des Vaters oder der Mutter greift und vertrauensvoll zu ihnen aufblickt, denn es weiß: Diese Hand führt mich, diese Hand geleitet mich, diese Kraft beschützt mich. Ich kann mich anvertrauen, ich kann mich überlassen, den **ich** werde geliebt und geführt. Ein Mensch, der die Bewunderung lebt, geht also in einem Herzen des Vertrauens, geht in einem Herzen der Leichtigkeit und der Freude. Und überall dort, wo Leichtigkeit und Freude gelebt werden, hebt ihr euch heraus aus der Erdenschwere. Und überall, wo Leichtigkeit und

Freude und Vertrauen gelebt werden, versucht ihr nicht mehr, über das Grübeln zu finden. Ihr lebt Vertrauen, fragt nicht mehr. Ihr werdet zufrieden. Und dort, wo die Zufriedenheit in euer Herze eingekehrt ist, wenn ihr wißt, daß ihr in der Lebensfülle **geht**, daß im Grunde nicht Mangel ist, außer Mangel an Wahrheit, an Weisheit, an Erleuchtung, dann werdet ihr in dem ruhigen Schritte gehen, weil ihr nicht mehr Suchende seid, weil ihr wißt: Ich gehe geöffnet, darum kann mich Gottes Berührung in das Erkennen führen, kann Gott das Auge der Wahrheit in mir öffnen. Und seht: das zeichnet einen Menschen aus, der die Kraft der Bewunderung lebt. Er wird leichtlebig, er wird leicht**sinnig**, daß heißt nicht, ein Spieler. Das heißt nicht, daß er unbeachtet geht, im Gegenteil. Er geht leichtlebig und er geht in einem leichten Sinne, weil er sich nicht sorgen muß, weil er weiß: Diese große Kraft der Liebe, die aus einem einzelnen Korne eine Vielzahl von Körnern entstehen läßt, diese mehrende Kraft, sie, sie wird mich führen an den Ort meiner Bestimmung.

Was ist der Ort eurer Bestimmung? Es ist die Freiheit, die Freiheit des Geistes und die Freiheit der Seele, das Ablegen des Körpers von den irdischen Banden. Das ist das Ziel. Wer die Kraft lebt, diesen leichten Sinn zu leben, der zeigt wahrhaftes Vertrauen in Gott. Und es ist überhaupt nicht nur ein Vertrauen, es ist ein Wissen, daß er in Ihm Geborgenheit lebt. Und diese Leichtigkeit und diese Sorglosigkeit in ihm läßt zu, daß der Liebesstrahl des Höchsten ihn immer leichter durchfluten kann, lichten kann, bis er selbst zum Liebesstrahle wird.

Das Beispiel mit der Ähre, es gefällt mir so gut, und darum greife ich es noch einmal auf. Wie viele Handlungen lebt ihr noch immer, oder wie viele Worte sprecht ihr noch immer, und sie sind nicht von euch kontrolliert. **Und ich möchte euch bitten, häufiger innezuhalten und euch zu überlegen: Das, was ich jetzt durch Handlungen oder durch Worte in den Boden säe, wird es eine Ähre werden und sich vermehren? Oder lege ich**

49

einen Samen in die Erde, und Unkraut wird wachsen und den Ausdruck der Liebe bedrängen und ihn vielleicht sogar vernichten?

Also… der Weg zu Gott, es ist der Weg der Wachsamkeit, das Sich-immer-wieder-Beobachten, das Sich-immer-wieder-Korrigieren, nicht durch harte Worte der Zurückweisung, nein, durch Worte der Einsicht und Worte der Nachsicht. Auf diese Weise geht ihr den fröhlichen Weg zu Gott, nicht den verbissenen, nicht den zwanghaften, nein, lächelnd und fröhlich geht ihr auf Ihn zu, und Er lächelt euch entgegen, umarmt euch mit Seinem Lächeln, und ihr werdet ganz zu Seiner Liebe werden.

Wie schön, der Bogen spannt sich zu einem Kreise. Wir sprachen von dem Gebet, von der Meditation, von der Kontemplation. Wir sprechen von der Achtung, der **B**eachtung des Lebens und heute sprachen wir von der **Bewunderung** des Lebens. Welch ein schönes Handwerkszeug ist euch da in die Hände gegeben. Wie wunderbar könnt ihr damit arbeiten in jedem Augenblicke, mit jedem Atemzug. Und was gehört dazu, daß ihr damit arbeiten könnt? Ausschließlich der gute Wille.

Und wir, wir helfen euch dabei, in diesem Willen, in dieses Wollen zu gehen, mit all unsrer Liebe. Wir legen sie euch in eure Herzen. Wir legen euch in eure Herzen das Bewußtsein, daß das Lächeln die Schwere des Lebens mildert. Wir legen euch in eure Herzen das Bewußtsein, daß die Liebe zu Gott das Leid tragbar macht, lösbar macht, und daß eure Liebe zu Gott euch zu Gottes Liebe werden läßt.

Mein Friede, er geht an eurer Seite.
EMANUEL

Der vierte Schlüssel zur Freiheit

Die Vergebung

Überall dort, wo ihr die Kraft des Verzeihens lebt, beginnt ihr Abschied zu leben von eurem Ego. Und ihr beginnt damit den Weg der Freiheit zu gehen.

Gott zum Gruße, meine geliebten Kinder! Liebe, Licht, Leichtigkeit, Freude, Fröhlichkeit und damit ein ewig offenes Herze schenke euch der Einzige und Wahre!

Der Abend, den wir wieder miteinander verbringen wollen, die Begegnung, die wir wieder miteinander feiern wollen, soll dem Thema gewidmet sein: **Das Verzeihen, damit Vergebung sein kann**.

Seht, ein Thema, das allgemeine Aktualität lebt; denn **wer** kann von sich sagen: Ich gehe nicht gekränkt. Kein Mensch, keine Lebenssituation hat mich in meinen Zustand geführt. Es gibt nichts zu verzeihen, weil mich kein Mensch gekränkt hat, weil mich kein Mensch eingeschränkt hat in diesem meinem Wünschen und Wollen. Wer könnte dies von sich sagen? Also… selbst wenn eine solche Situation wäre, in wie viele Handlungen seid ihr schon gegangen und ihr mußtet feststellen, daß diese eure Handlung eine unbewußte oder eine bewußte Begrenzung und Einschränkung eures Nächsten **war**.

Also… das Thema: **Verzeihen!**

Das Thema: Verzeihen dem, der euch in die Herzensenge gestellt hat, und euch selbst verzeihen, damit ihr nicht gebunden geht an ein Thema, daß ihr euch festhaltet an ihm, immer

51

wieder auf es zurückkehrt und **da**mit euch in Enge und Stillstand führt.

Das Verzeihen, es zeigt, daß ihr die Bereitschaft lebt, euer Ego
zu überwinden. Denn dem Verzeihen ging voraus die Kränkung,
die Verletzung. Ihr wurdet aus eurer Ruhe geführt. Wann lebt ihr
Ruhe? Wann geht ihr frei von Sorgen und von Kummer? Wenn
sich euer Leben nach euren Bedürfnissen gestaltet, wenn also das
Ego Befriedigung findet, wenn das Ego sich ergehen kann und
all das, was es an Sehnen und Wünschen lebt, in die Realität, in
die Verwirklichung geführt wird. Aber wie häufig ist dies der
Fall? Euer Ausdruck, der Ausdruck des Egos und damit euer
Wille und euer Wünschen, wie häufig geht es konträr mit dem
Wünschen und Wollen anderer Menschen, eures Nächsten. Und
darum entsteht Reibung, und darum entsteht Unwille bis hin
zum Zorne, bis hin zu der Wut, sogar bis hin zu Verwünschun-
gen und Verdammungen. Das bedeutet also, je stärker das Ego
involviert ist, umso unkontrollierter werden eure Verbitterun-
gen, werden eure Verärgerungen. Und nun der, der euch in Enge
hielt, der euch Worte des Abbruches sprach, ihm solltet ihr verzeihen – wie schwer! Aber nun stellt euch vor: Die Menschen, sie
bilden eine Kette. Ihr alle haltet euch unbewußt an der Hand,
bildet eine Kette mit allen Menschen dieser Erde. Und dort, wo
ein Mensch geht in der Verbitterung, in der Verärgerung, in der
Verhärtung des Herzens, also sein Ego pflegend und hegend,
dort wird ein Sprung in der Kette sein. Ein Glied wird reißen.
Und darum kann nicht ein Weiterfließen sein, wird der Energie-
strom unterbrochen.

Warum lebt also das Verzeihen eine so hohe Bedeutung?
Überall, wo euer Herze Bitternis lebt, lebt **ihr** euch Einengung,
lebt **ihr** euch Einschränkung, mindert **ihr** eure Lebensqualität.
Der Blick ist nach innen gerichtet. Die Worte, die euch gesprochen wurden, oder die Handlungen, die euch in diese Verbitte-
rungen gestellt haben, sie bohren in euch. Ihr blickt nach innen,

und ihr analysiert euch: Warum konnte der andere euch solche Worte sprechen? Hat er euch noch nicht erkannt? Seid ihr ihm noch immer fremd? Kennt er nicht eure Gesinnung und eure Gewohnheiten? Wollte er mich bewußt in diese Kränkung führen? All das geht durch euren Kopf. Ihr verhärtet euch je nach Temperament und nach Stärke des Egos. Und das bedeutet: ihr lebt Starre. Nicht mehr geht ihr in dem Flusse, nicht mehr könnt ihr weiterreichen, ihr habt einen Sprung. Also zurück zu dem Glied, zu dieser Kette. Das Glied hat einen Sprung.

Dort, wo ihr beginnt, in die Freiheit zu finden, das bedeutet, wo ihr mit eurem Ego in die Zwiesprache geht, euren Verstand einschaltet und eure Herzlichkeit und damit das Gespräch mit eurem Ego sucht, werdet ihr sagen: „Vielleicht hat dieser Mensch einen schlechten Tag gehabt." Oder ihr werdet, ihr könnt sagen: „Ich weiß nicht, durch welche Lebensberührungen dieser Mensch gegangen ist, was ihn formte und prägte, so wie er jetzt vor mir steht." Viel hat er nicht von sich erzählt. Er hat gesagt: „Ich ging in Kummer, ich ging in Trauer" oder „Ich hatte nicht genügend Liebe, nicht genügend Zuwendung". Das ist eine Information. Aber könnt ihr seine Trauer nachempfinden? Könnt ihr nachempfinden die Lieblosigkeit, die er empfand? Ihr bekommt eine nackte Information, und je nachdem, in welchem Mitgefühle euer Herze geht, könnt ihr tiefer eintauchen in ihn, in seine Wahrheit, in seine Gefühle. Aber… immer nur wird es ein leichtes Berühren an dem Obergrunde sein. Nie werdet ihr wahrhaft die Gefühle, die Berührungen und Bewegungen des anderen nachvollziehen können. Ihr stimmt sie mit euren ab. Aber dadurch bekommen sie eine andere Wertigkeit, dadurch ist eine Verfälschung. Und überlegt, das wißt ihr alle, ihr werdet geboren, und ihr lebt Eigenschaften, Eigenheiten. Euch wurde gesagt, ihr habt die Anlage des Großvaters oder der Mutter oder der Tante, egal, wen ihr wählen wollt. Erbe, aber ist es wahrhaftig eine Anlage, die ihr geerbt habt? Ist es nicht vielmehr ein Erbe, das ihr mitgebracht habt aus vergangenen Leben? Und wie schwer ist es häufig, dieses Erbe zu tragen. Euch selbst ist es häufig unerklärbar, nicht verstehbar. Ihr sagt: „Welch eine ungewöhnliche Angewohnheit, welch eine ungewöhnliche Neigung." Ihr könnt sie nicht einordnen, weil sie innerhalb der Familie nicht gelebt wurde, also Ausdruck ist vergangener Leben.

Ich will also damit verdeutlichen: Ihr handelt, sobald es um Gefühle geht, nicht mit eurem Verstande, sondern mit euren Emotionen. Und spricht der andere euch Worte, die ihr empfindet als eine Reizung, als eine Einschränkung eurer Persönlichkeit oder als eine Nichtachtung eurer Persönlichkeit, schreit das Ego auf, ruft: „Welch eine Ungerechtigkeit!" und geht gekränkt und beleidigt. Seht, und damit beginnt ihr euch zu verschließen. Ihr schmollt und je nach Temperament lange oder kurz. Also... ihr habt nun gegrübelt: „Warum hat der andere mir das gesagt?", aber ihr kommt nicht zu einem Ergebnis. Oder manchmal grübelt ihr auch gar nicht, sondern ihr sinnt auf Rache, ihr schlagt zurück. Und nun beginnt der Schlagaustausch – bis hin zur Erschöpfung und in der Regel bis zur Unlogik. Machtkampf – wie unter den Tieren! Auch sie leben Machtkämpfe – nur aus einem anderen Motive. Nicht weil sie sich vom anderen gekränkt und beleidigt fühlten. Nein – sie leben die Machtkämpfe, damit die Arterhaltung gesichert bleibt, damit Stärke geboren wird und damit die Überlebenschancen steigen.

Zurück – ihr geht gekränkt, ihr geht verbittert, ihr geht in euch aufgewühlt, und ihr fühlt euch verkannt. Und dort, wo der Mut gelebt wird, **nicht** zurückzuschlagen, dort, wo die Kraft gelebt wird, dem Ego **keine** Chance zu geben, dort kann der Verstand einsetzen, und er kann sagen: „Warum tat es der andere? Ich will versuchen, ihn zu fragen, damit ich ihn verstehe." Und selbst, wenn kein Verstehen ist, wenn nicht ein Nachvollziehen ist, wenn ihr euch nicht mit der Handlungsweise des anderen identifizieren könnt, so besteht doch die Möglichkeit zu sagen:

„Er lebt eine andere Wahrheit. Er lebt ein anderes Bewußtsein". Das bedeutet nicht ein höheres Bewußtsein, daß er klüger und weitblickender ist, nein – sondern… er sieht und empfindet anders.

Und überall dort, wo ihr Begegnung lebt mit Menschen, die anders fühlen und sehen, macht es nicht Sinn, Streitgespräche, Schlagabtausch zu führen, denn ihr bewegt euch aneinander vorbei.

Ich gebe euch ein Beispiel: Es kommt die Zeit der Ernte. Ihr erntet eure Äpfel und ihr sagt eurem Freunde: „Ich hatte eine reiche und große Ernte." Das, was **ihr** in eure Körbe eingesammelt habt, empfandet **ihr** als groß und reich. Doch ihr wißt nicht, wie groß die Ernte des anderen ist. Vielleicht hatte er mehrere Apfelbäume. Und er kommt euch besuchen, und stolz zeigt ihr eure Ernte, und er denkt: „Was für ein Hochstapler." Aber seid ihr ein Hochstapler gewesen? Nein, **ihr** habt eure Ernte als groß und reich empfunden. Das bedeutet also, diese unterschiedlichen Bewußtheiten leben, diese unterschiedlichen Vorstellungen leben von groß, von klein, von schön, von häßlich.

Seht, und nun sagt ihr: „Es macht nicht Sinn, den anderen von meiner Wahrheit überzeugen zu wollen." Denn meist ist es doch so: Wenn ihr überzeugt habt oder den anderen totgeredet habt, beginnt euer Ego wieder durchzuatmen, und ihr seid mit euch zufrieden. Aber… wenn ihr die Kraft habt zu sagen: „**Ich** sehe es so", und der andere ebenfalls den Mut hat zu sagen: „Ich sehe es **so**, und dabei wollen wir es belassen", seht, dann wird Friede sein trotz unterschiedlicher Anschauung, trotz unterschiedlicher Wahrheit. Aber… in wie vielen Fällen läuft eine Auseinandersetzung nicht so, kommt es nicht zum Sich-Zurücknehmen? Und fühlt ihr euch nicht so kampfesmutig und kampfesstark, sondern zieht euch wahrhaft vom anderen zurück und findet in das Schweigen? Sobald ein Partner in das Schweigen geht, beginnt er zu resignieren, hat er entweder nicht mehr den

Mut oder die Kraft zu sprechen, weil ihm nicht zugehört wird. Und wenn ihm zugehört wird, wird sofort bewertet: „Das ist gut, das hättest du anders tun sollen." Also wieder den anderen nicht in seinem Ausdrucke stehen**lassend**, sondern wieder Animation bis hin zur Beeinflussung! Und der, der in das Schweigen geht und in die Resignation, **kann** nicht verzeihen, wird im Grolle stehen. Oder, wenn ihr sogar den Schritt tiefer geht, wird er apathisch werden. Und es ist die Gefahr, daß er Abschied lebt von der Erde, den freiwilligen Abschied von der Erde.

Wir haben das Thema: **Verzeihen!** Ein gewaltiges Thema! Wie häufig sagt ihr, denkt ihr: „Ich will verzeihen. Ich will dem anderen verzeihen, und ich will mir verzeihen." Aber wie häufig bleibt es bei dem Willen, wie häufig bleibt es bei dem Worte, bei dem gesprochenen Worte. Das Herze lebte nicht genügend Güte, um den Akt des Auswischens zu leben. Und dort, wo das Herze nicht die Kraft der Güte lebt und damit der Liebe, dort werdet ihr in das Verdrängen gehen dessen, was in die Auseinandersetzung führte. Ihr sagt: „Ich verzeihe dir. Ich fühlte mich von dir unrecht behandelt, aber ich möchte dir verzeihen", damit wieder Friede zwischen euch gelebt wird. Das ist mit Sicherheit ein Bemühen, das ist mit Sicherheit ein Wollen, aber… ist damit wahrhaft verinnerlicht und erlöst? Ist es häufig nicht nur ein Akt der Bequemlichkeit, um zu einem neuen Thema übergehen zu können? Denn dort, wo ein wahrhaftiges Verzeihen gelebt wird, da folgt der Nacht der Tag. Das bedeutet: die Auseinandersetzung war die Nacht, um euch war Nacht. Ihr konntet nicht mehr den Blick nach außen gerichtet halten in die Welt, zu sehr beschäftigt gingt ihr mit euch, zu eingeengt gingt ihr mit euch, nicht mehr durchblickend, nicht mehr durchschauend. Und dort, wo wahrhaft das Herze die Reife der Vergebung, des Verzeihens lebt, dort geht ihr in einen neuen und lichten Tag. Und das bedeutet: ihr habt in ein größeres Wachstum gefunden.

Der Mensch, der noch nicht die Kraft des Verzeihens lebt, geht gebunden an sein Ego. Und **der** Mensch, der noch nicht die Kraft des Verzeihens lebt, wird nicht Wachstum leben können, wird all das, was er an Erkennen und Verstehen in sich eingesammelt hat, nicht umsetzen können. Es wird ein Wissen sein, aber… es wird nicht zur Weisheit werden können. Denn seht: wieviel Wissen sammelt ihr; aber bedeutet nicht Wissen eine Verpflichtung, das Wissen in die Handlung zu führen? Denn nur dort, wo Erkanntes gelebt wird, findet Entwicklung statt, findet geistige Evolution statt.

Ich gebe euch ein Beispiel: Ihr sagt: „Ich möchte meine Wohnung renovieren. Es ist alles ein wenig verwohnt. Die Wände, sie zeigen sich mir nicht mehr in der leuchtenden, sauberen Farbe. Frisch soll es ein, neu soll es sein!" Und seht, dieser Wille, dieser Wunsch zu renovieren, er bedeutet, ihr möchtet Ordnung schaffen, soviel Eingesammeltes sortieren und Unbenötigtes in den Abschied führen. Und nun kauft ihr für diese Renovierung das Handwerkszeug, das Material. Und das ist wie das Wissen einsammeln. Nun habt ihr das Material, das Handwerkszeug besorgt. Alles ist bereit. Aber seid auch ihr bereit? und das heißt: greift ihr zu dem Pinsel und der Farbe und setzt um, was ihr erkannt habt, was eure Wohnung wieder in einen neuen Zustand versetzt? Dann beginnt ihr, das Wissen zur Handlung werden zu lassen. Und durch euer Handeln beginnt ihr, immer weiter in eurer geistigen Entwicklung voranzuschreiten.

Und genau so ist es mit dem Verzeihen – ihr wollt! Das ist das Einkaufen des Handwerkszeuges. Aber… wie häufig liegt es in einer Ecke unbenutzt. Und ihr lebt weiter in alten Räumen, die immer stärker in das Verdunkeln gehen, weil **ihr** nicht die Kraft hattet, zu lichten, zu handeln.

Verzeihen wird dort sein, wo ihr die Kränkungen des anderen vergeßt, nicht verdrängt, sondern vergeßt. Wo ihr sie auslöscht wie der Lehrer das an die Tafel Geschriebene, um neue Wörter anzuschreiben, um neuen Lehrstoff anzuschreiben. Ein Verzeihenkönnen, was bedeutet es? Solange ihr in Verbitterung geht, lebt ihr Emotionen des Abbruches, lebt ihr dem anderen Energien der Vernichtung und euch selbst. Seht, nicht Wachstum, Stillstand wird gelebt. Und darum ist das Verzeihen so wichtig, wahrhaft notwendig, um **eure** Not zu wenden, damit **ihr** wieder frei werdet von dieser Blockade. Damit **ihr** wieder Abstand nehmt von dem kränkenden Thema, damit **ihr** euer Ego bearbeiten könnt, damit **ihr** Unberührte werdet. Und sobald **ihr** unberührt geht von Kränkungen, von Mißachtungen des anderen, lebt ihr diesen Menschen gegenüber eine Resonanz**freiheit**. **Ihr** entscheidet: „Ärgere ich mich, oder lohnt es sich nicht?" Und wenn ihr rückschauend blickt – ihr könnt alle zurückblicken, alt genug geht ihr! – wie häufig hat es sich gelohnt, gekränkt zu gehen, verbittert zu gehen? Hat sich nicht häufig gelöst oder wurde erlöst durch Gottes Liebe und Gnade? Und welch bittere Tage und Wochen und Jahre habt ihr gelebt und damit gefesselt – nicht den Sinn des Lebens erkannt – nein! Also… lebt **ihr** den Mut, nicht die schnelle Resonanz zu leben, lebt **ihr** den Mut, wenn euch ein Mensch berührt, – und seine Worte sind nicht Güte, und es sind nicht Worte des Lebens, sondern Ausdruck seiner Zerrissenheit, seiner Enge, seiner Unsicherheit und damit seines hilflosen Egos, das nach Liebe sucht, das nach Befriedigung und Befreiung sucht, – lebt ihr die Emotionsfreiheit, euch zu entscheiden: „Will ich mich ärgern, oder wäre es klüger, mich nicht zu ärgern?"

Es ist ein Lernprozeß. Es ist ein Prozeß, der Geduld erfordert und immer wieder jeden Tag neu den guten Willen. Und wenn ihr auf diese Weise vorgeht, nicht in die schnelle Reaktion, sondern in die schnelle Überlegung: „Wie will ich mich verhalten?", dann beginnt ihr, diesen Kreislauf zu unterbrechen. Solange ihr in dem Wortgefechte geht, lebt ihr euch eine magnetische Anziehung. Denn was ist der Sinn? Der Sinn ist, daß jeder in seiner

Freiheit geht, **mit**einander sich begleitend, aber… jeder dem anderen erlaubt, seinen Selbstausdruck zu leben, seine Lebensaufgabe zu leben. Und wenn **ihr** die Klugen seid, die dieses herausfordernde Spiel nicht mitspielen, die also nicht den Gegenpol bilden, der die Anziehung bestimmt, wird eine Lösung und eine Auflösung eurer Probleme beginnen, werdet ihr in ein wahrhaft neues Leben geführt.

Und wann lebt ihr die Kraft des Verzeihens? Ich sagte, das Wünschen, das Wollen und die verzeihenden Worte sind noch nicht das Ergebnis. Ihr lebt wahrhaft das Ergebnis des Verzeihens, wenn dort, wo Worte der Einschränkung waren, ihr auf den anderen zugehen könnt und sagt: „Warum sprichst du die Worte der Zerrissenheit? Was bekümmert dich, was quält dich? Ich öffne dir ganz weit mein Herze, und ich will dir meine Herzensliebe schenken, und ich will dir mein Vertrauen schenken, damit du dich von mir geborgen fühlst, damit ich nicht für dich ein Reizpol bin, sondern eine Wiege, ein Nachhausekommen, wo **du** deine Herzensnot sprechen kannst, wo es nicht notwendig ist, um dich abzureagieren, um dich zu entstressen, die Worte des Kampfes zu suchen." Wenn ihr diese Kraft habt zu sagen: „Ich öffne dir mein Herze, damit du dich in meiner Liebe ausruhen kannst", **dann** habt ihr verziehen.

Und was bedeutet es? Die Kette hat nicht mehr einen Sprung. Die Energie fließt wieder, denn die Lebensenergie, sie fließt wieder. Und das Ergebnis: euer Verzeihen, eure Kraft des Verzeihens läßt Gott in Vergebung gehen. Und seht: ihr habt nicht die Möglichkeit der Vergebung, sie alleine ist Gott vorbehalten. Und ihr könnt Sicherheit leben: Wenn **ihr** das Verzeihen wahrhaft beherrscht, beginnt **ihr** zu leuchten, beginnt ihr in Gelassenheit zu gehen, in Souveränität. Eure Nerven gehen stabilisiert. Ihr seid zu Herren und Bestimmern eures Selbst geworden. Und dieses Euch-Lichten und dieses Euch-Klären schenkt euch eine Unberührtheit gegenüber dem Leben. Das bedeutet: ihr lebt nicht mehr die Emotions**freiheit**, denn bei der Freiheit habt ihr die Möglichkeit zu sagen: „Ich will, ich will nicht." Ihr werdet beginnen, die Emotionslosigkeit zu leben. Und ich kann euch versichern, es wird nicht ein fades Leben werden, es wird nicht ein langweiliges und graues Leben werden, nein – es wird ein reiches Leben werden. Warum? Seht: dort, wo ihr euch nicht mehr reibt, wo ihr nicht mehr aus eurer Ruhe fallt, aus eurer Souveränität, geht ihr da nicht in einem weiten und umfassenden Blicke?

Sobald ihr in der Gefangenschaft eurer Emotionen steht, eures Egos, geht ihr nach innen blickend, lebt ihr Verhärtung und Ausschluß von dem Weltgeschehen. Und fordert es euch heraus, seid ihr unwillig, denn ihr seid mit **euch** noch nicht fertig, ihr geht noch mit **euch** beschäftigt. Und all das, was an eure Tür pocht, an eure Herzenstüre, ist euch eine Belastung und eine Beleidigung, eine Frustration und damit eine Anspannung eurer Nerven. Aber… wo ihr in die Emotionslosigkeit gefunden habt, da geht ihr nach außen gerichtet, ausgedehnt. Ihr geht in der Haltung des Empfangens. Und seht: dort, wo ihr empfangt, geht euer ganzes Sein in dem Begleiten. Das bedeutet: jede Information, die euch gegeben wird, und alles, was eure Sinneswahrnehmungen berührt, ist Information, die ihr wahrnehmen könnt. Denn nur, wo Freiheit ist, wo Licht ist, ist ein wahrhaftes Wahrnehmen.

Jetzt lebt ihr auch wahr, aber ihr nehmt wahr, was euch erfreut, und ihr nehmt wahr, was euch verärgert. Und jetzt überlegt, wieviel noch brachliegt, was noch gar nicht in euer Bewußtsein gedrungen ist, euch noch gar nicht berühren konnte. Und wenn ihr in der Freiheit steht, daß ihr Bestimmer eures Lebens, eurer Lebensqualität seid, dann werden alle diese Informationen euch in einem großen Maße beschäftigen. Und nicht etwa beschäftigen insofern, daß ihr wieder beginnt zu analysieren, zu bewerten, nein – euer Ego, es ist ja zusammengeschrumpft, es ist ja kaum noch wahrnehmbar. Ihr werdet also **nicht** bewerten und analysieren, sondern ihr steht in der stillen Aufnahme, ihr habt die Kraft, euch berühren zu lassen. Und überall dort, wo ihr berührbar seid, dort könnt ihr mit dem Gegenstand, mit der Sache oder dem Menschen in die Verschmelzung gehen.

Ich sagte, ihr könnt in die Verschmelzung gehen. Wie häufig hatte ich schon des Thema Baum oder Blume. Wie lernt ihr das Wesen des Baumes, der Blume kennen? Indem ihr euch auf den Baum oder die Blume einlaßt, in dem stillen Betrachten geht, ohne zu analysieren, ohne zu bewerten, ausschließlich die Energie des Gegenüber auf und in euch fließen lassend.

Ich will euch eine Hilfe sein, wie ihr erlernt, die Kraft des Verzeihens zu leben. Seht: wie viele Berührungen, wie viele Kränkungen, wie viele Ablehnungen habt ihr in eurem Leben erfahren, und ihr erinnert euch nicht mehr, sie sind verdrängt, in das Unbewußte gefallen, in das Unterbewußtsein gefallen, damit **ihr** die Kraft hattet weiterzuleben. Und dort bilden sie ein Sammelbecken, dort bilden sie eine Müllhalde wie eine Kloake. All die Verletzungen, die Enttäuschungen sind dort gelagert, deponiert. Und ihr habt nicht mehr Zugang zu ihnen. Und in dem Maße, in dem eure Seele berührbar war, und in dem Maße, in dem euer Ego Ausdehnung lebte – und immer wird dies sein, wenn euch nicht genügend Liebe entgegengebracht wurde – oder ihr auch das Thema eines Lebens angenommen habt, das in vergangenen Leben nicht bereinigt werden konnte, all dies lagert in euch.

Und es gibt eine wunderbare Übung, um diese Deponie abzubauen, sie wieder zu kultivieren, daß Wachstum und Leben in ihr sein kann. Seht: ihr geht durch euren Tag – wir wählen ein Beispiel – ihr seid des Morgens in dem Bade, und ihr steigt aus der Wanne, schön geduscht habt ihr, um den Tag rein zu beginnen, und das Telefon klingelt. Ihr überlegt: „Gehe ich daran, oder gehe ich nicht daran? Ich bin naß, ich kann mich erkälten." oder: „Ich beschmutze den Fußboden." Aber die

Neugier, es könnte etwas Wichtiges sein, läßt euch zum Telefon gehen. Und was ist? Ein unerfreulicher oder ein unnötiger Anruf, der euch aus eurem morgendlichen Rhythmus reißt. Und ihr beendet das Gespräch. Und nun müßt ihr euch eilen, damit ihr rechtzeitig zu eurer Tätigkeit findet. Was ist also? Unwille ist in euch, Ärger auf den, der anrief. Aber der Tag hat erst begonnen. Ihr fahrt zu eurem Arbeitsplatze, und unterwegs, da gibt es so viele unverschämte Autofahrer, über die ihr euch ärgern mußtet, weil sie nicht so fuhren, wie ihr es euch gewünscht habt. Ihr ärgert euch. Und wie häufig ist Frustration am Arbeitsplatze!

Aber… jetzt laßt uns auch eine nette Situation nehmen: Die Türe geht auf, und euer Chef sagt: „Ich habe heute so gute Laune, ich lade Sie zum Essen ein. Sie bringen so gute Leistungen, und ich möchte Ihnen darum eine Gehaltserhöhung geben.“

Seht: welch unterschiedliche Berührungen an einem Tage! Was bleibt euch in Erinnerung, was steht im Vordergrunde? Selbstverständlich das Essen mit dem Chef und die Gehaltserhöhung. Und alles andere ist vergessen – scheinbar vergessen. Es hat in euch Emotionen hervorgerufen, und deshalb kann es **nicht** vergessen sein. Es rutscht in das Unterbewußtsein und beginnt dort zu faulen.

Und nun diese Übung:

Des Abends, bevor ihr in die Ruhe geht, in die Ruhe der Nacht, laßt den Tag Revue passieren. Fragt: „Welche Erlebnisse hatte ich heute? Ich stand auf. Wie waren meine Gefühle für diesen Tag? Ich ging ins Bad. Was passierte? Ach ja, da rief ja dieser Bekannte an. Da habe ich mich geärgert, denn danach mußte ich hetzen.“ Und nun sagt ihr: „Ich löse diesen Ärger auf. **Er** glaubte, einen Grund für seinen Ruf zu haben, für sein Rufen, und ich hatte nicht dafür Verständnis. Ich erlöse dieses Thema. Ich verzeihe ihm, und ich verzeihe auch mir meinen Ärger.“ Und so laßt den ganzen Tag an euch vorbeiziehen.

62

Das bedeutet: all das, was von dem heutigen Tage in das Unterbewußtsein rutschte, ist von euch wieder hervorzuholen, es ruht noch in eurem Erinnern. Und wenn ihr so vorgeht, werdet ihr eine Routine haben, erlernen, und das heißt: ihr werdet vorsichtiger mit euren Reaktionen, ihr werdet kontrollierter. Ihr sagt euch: „Das, über was ich mich jetzt ärgere, muß ich heute abend wieder bearbeiten. Ich werde am besten gar nicht erst mit dem Ärger beginnen."

Ich kann euch versprechen, es ist so, wie wenn ihr sagt: „Ich möchte ein Gedicht lernen oder ein Lied." In den Anfängen müßt ihr immer wieder auf den Text blicken oder auf die Noten, ihr habt das Lied oder das Gedicht noch nicht verinnerlicht, aber... je häufiger ihr euch mit dem Text oder der Melodie beschäftigt, umso schneller werdet ihr es beherrschen. Und genauso werdet ihr die Tagesgeschehen schneller beherrschen.

Aber ihr habt ja noch eine Vergangenheit, und das Unterbewußtsein ist gefüllt davon. Und darum könnt ihr auch eure Vergangenheit bearbeiten. Ihr sagt: „Ich will mir das vergangene Jahr vornehmen. Ich will mich bemühen zu erinnern, mich zu erinnern: Was berührte mich in diesem vergangenen Jahr? Was schmerzte mich, was kränkte mich, wo fühlte ich mich ungerecht behandelt? Und wo habe **ich** Unrecht getan?" Ihr wißt, getanes Unrecht, es wird so gerne verdrängt. Gut wollt ihr sein, gut wollt ihr vor den anderen stehen und darum der Verdrängungsmechanismus. Aber das ist Gefangenschaft, das ist nicht Freiheit!

Und nun beginnt ihr, wenn ihr möchtet, zurückzugehen in die Jahre, die hinter euch liegen. Laßt euch Zeit. Sagt euch immer wieder: „Ich möchte mich erinnern, was in dem vergangenen Jahr meine Lebensqualität einschränkte." Und aus eurem Unterbewußtsein wird sich ganz langsam etwas lösen und wird in euer Bewußtsein zurückkehren. Und dann betrachtet ihr und dann besprecht ihr das Thema. Und wenn ihr die Kraft habt, verzeiht und entlaßt.

Und seht: ihr lebt das Sehnen, zurückzukehren in die Freiheit, in **die** Freiheit, wo ihr mit **euch** in dem Eins geht, herausgenommen aus der Zerrissenheit des Herzens, aus der Illusion, aus der Depression hinein in die Geborgenheit des Herzens, denn das ist Freiheit. Und wo diese Geborgenheit des Herzens gelebt wird, wo ihr angstfrei geworden seid, beginnt ihr in der göttlichen Liebe zu schwingen. Und das ist das Ziel. In der göttlichen Liebe zu schwingen, um nicht mehr schuldig werden zu können, um nicht mehr angebunden zu gehen an das Rad der Wiederkehr.

Und wenn Gott dieses euer Bemühen sieht – Wünschen und Lippenbekenntnisse sind Anfänge, aber... sie führen nicht zum Ziele; es ist ungefähr so, als wolltet ihr sagen oder als würdet ihr sagen: „Ich möchte die Türe öffnen, damit die Welt zu mir einkehren kann", aber es bleibt bei dem Wollen, ihr schließt nicht auf, ihr öffnet die Türe nicht; und dort, wo ihr die Kraft habt, sie zu öffnen, das bedeutet, wie ich ausführte, das wahre Verzeihen zu leben durch die Herzensöffnung, durch das Sprechen: „Ich sehe **deine** Not. Was kann ich für dich tun, wie kann ich dich begleiten? Ich kann dich nicht verstehen, ich kann nicht nachvollziehen. Und im Grunde ist es mir auch eine zu große Belastung, **deine** Not nachzuvollziehen, aber ich kann dir sagen: ich schenke dir meine Liebe, und du findest Geborgenheit in mir"; es ist nicht notwendig, immer das Verstehen und die Wahrheit des anderen nachvollziehen zu können, akzeptieren zu können, mit ihm in dem Einen Schwingen zu können, es ist vielmehr notwendig, davon unbeeindruckt zu gehen, also... emotionslos – **und wenn ihr diese Kraft lebt, dann wird Gott euer Bemühen durch den Akt der Gnade, der Vergebung segnen, wird euch beschenken durch diese Vergebung.**

Nun stellt euch nicht vor: da ist ein Gott, der beobachtet: „Strengt **er** sich an, strengt **sie** sich an?" Nein, so ist es nicht. Gott ist das Gesetz der Liebe. Und in dem Maße, in dem **ihr** die Kraft des Verzeihens lebt, schwingt ihr in diesem Gesetz der

Liebe, und **darum** findet Vergebung statt, und **darum** kann die Gnade sich über euch ergießen.

Eine gewaltige Arbeit! Eine Arbeit, die euch immer wieder in das Straucheln und Fallen führt. Der Wille ist da, der Wunsch ist da, weil ihr mit euch die Freiheit leben wollt. Aber da ist noch das Ego, und da sind noch eure Gewohnheiten, und da ist auch euer Selbstausdruck. Und dieser Selbstausdruck hat nichts mit dem Ego zu tun, sondern es ist der Ausdruck eurer Seele, eurer Individualität. Und ihr wollt sie leben. Denn ihr fühlt euch eingeschränkt und eingeengt, wenn ihr sie nicht leben könnt. Und wo die Einsicht beginnt, daß jeder Mensch das Recht hat, seinen Selbstausdruck zu leben, und dort, wo **ihr** von eurem Gewissen her, von eurer Moral den Selbstausdruck des anderen nicht teilen könnt, wo ihr abweichen würdet von eurem Wege des Erkennens, dort lebt den Abschied. Und das muß wiederum nicht sein, daß ihr die Trennung lebt, sondern es bedeutet, dem anderen zu sagen: „Diesen Schritt kann ich nicht mehr mit dir gehen, glaubst **du**, ihn gehen zu müssen, willst **du** ihn gehen, will ich dich nicht behindern, aber ich kann dich nicht begleiten." Und das fordert von dem, den ihr nicht begleiten wollt, wiederum Kraft und Mut und die Bereitschaft der Akzeptanz. Wo eine solche Bindung und Verbindung gelebt wird – und das muß nicht nur sein im häuslichen Bereiche, das könnt ihr auf alle Lebensbereiche übertragen –, dort werdet ihr miteinander in der Achtung gehen, dort werdet ihr miteinander in der Wertschätzung gehen, dort werdet ihr miteinander in der Freiheit gehen, nicht klammernd, sondern bereitwillig euch die Hände reichend. Und **so** soll die Kette aussehen, die die Menschen bilden auf dieser eurer Erde. Und diese Kette, sie besteht wahrhaft.

Dort, wo ihr bewußt mit Menschen zusammengeht, also… alle Menschen, die euch in eurem Leben begegnet sind, auch wenn ihr nun getrennte Wege geht, und alle Menschen, mit denen ihr jetzt zusammengeht, also alle Menschen, mit denen

65

ihr je Berührung gelebt habt durch Blickkontakt, durch Zuhören, durch Berühren, in deren Dunstkreis, in deren Aura ihr eingetreten seid, diese Menschen bilden mit euch eine bewußte Kette. Und all die Menschen, die ihr nicht kennt, mit denen ihr **nie** Begegnung leben werdet, sie bilden mit euch eine unbewußte Kette.

Und das heißt: all das, was ihr an Ausdruck lebt, ist eine Energie, die vibriert, und diese Vibration teilt sich dieser eurer Erde mit. Sie ist wie eine Welle, wie die Welle des Meeres, geht über diese eure Erde, und diese Energie prägt die Menschen, mit denen ihr verbunden geht, bewußt, unbewußt, also… die Welt. Und **ihr** seid kluge Menschen – das ist jetzt nicht eine Feststellung, sondern eine Herausforderung, das muß ich klarstellen – also, seid **ihr** kluge Menschen und wollt ein wahres und ein festes Glied in dieser Kette sein, nicht unbedingt für diese eure Erde, zuerst nur für euch selbst! Denn ein wahres und festes Glied sein zu wollen für die Menschen ist Ego. Wollt **ihr** in **euch** gefestigt stehen und klar und frei, dann **seid** ihr ein festes Glied. Und diese eure Energie der Stärke wird die Menschen festigen.

Lebt euer Bemühen, lebt euren guten Willen! Der Tag des Einbruches und die Gedanken der Verbitterung oder der Lustlosigkeit oder der Resignation – das kennt ihr alle: „Das macht ja sowieso keinen Sinn, wie häufig habe ich schon versucht!" – das ist Sterben. Auf diese Weise lebt ihr nicht Entwicklung, könnt ihr nicht in die Ernte gehen. Lebt jeden Tag der Bereitschaft, euer Ja zu sprechen, Ja zum Verzeihen, für euch des Verzeihen zu leben und für euren Nächsten. Denn solange ihr nicht verzeihen könnt, werdet ihr Knechte sein, werdet ihr geknechtet gehen, werdet ihr Enge und Traurigkeit und Unzufriedenheit leben und euch als Opfer dieses Lebens empfinden. Ihr werdet gehen in der Anklage. Ihr werdet anklagen eure Eltern, eure Geschwister, die Lebensumstände. All das, was euch in Enge führte, werdet ihr aufgreifen und es anklagen und damit euch beklagen. Aber…

dort, wo ihr in dem Euch-Beklagen geht – ist es nicht ein inaktiver Zustand, ist es nicht ein passiver Zustand, ist es nicht der Ausdruck des Opfers? Wollt ihr Opfer sein oder wollt ihr Täter sein? Ihr sollt Täter des Wortes sein, Täter der Handlungen, herausgehen aus der Opferrolle in die Selbstbestimmung und damit in euer Selbstbewußtsein!

Und wir, wir helfen euch dabei mit all unsrer Liebe. Wir stärken euch, wir sind wie eine leise Melodie, wie ein zarter Duft oder eine weiche Berührung, um euch , wenn ihr geht in der Herzenshärte, zu berühren, euch zu sensibilisieren, damit ihr eure Gefühle wieder aufweichen könnt, damit ihr sie füllt mit Leben, mit Wachstum. Und ein Füllen mit Leben und Wachstum bedeutet, daß ihr sagt: „Ich habe mich für die Liebe entschieden, denn ich habe mich für Gott entschieden. Und ist nicht alles, was ich wahrnehme, was mich berührt, der Ausdruck Gottes?"

Lebt ihr die Kraft der Liebe, werdet ihr zur Liebe! Und unsre Liebe soll euch Animation sein. Wenn euer Feuer des Wollens zusammenfällt in eine müde Glut, unsre Liebe will dieses Feuer und wird diese Glut anfachen, damit wieder ein großes, ein lichtes und ein himmelstrebendes Feuer in euch gelebt wird.

Mein Friede, er geht an eurer Seite!
EMANUEL

Der fünfte Schlüssel zur Freiheit

Das Mitfühlen

Die Güte ist des Auges Licht! Gott zum Gruße, meine geliebten Kinder. Die Liebe, der Friede, der Segen des Höchsten durchflute eure Herzen und kleide sie in die Kraft der Güte, damit euer Auge Licht wird. Seht, von welchem Auge spreche ich? Nicht von **den** Augen, die in die äußere Welt blicken – nein, ich spreche von dem einen Auge, von dem Auge der Seele, das nach innen blickt, um die Wahrheiten zu erkennen und um die Weisheiten zu leben. Und Wahrheiten erkennen und Weisheiten leben, es bedeutet immer, Abschied nehmen von dem eigenen vordergründigen Wünschen und Wollen, das Ausdruck des Egos ist, und Hineinblicken in die eigene Ganzheit.

Was bedeutet die eigene Ganzheit? Es bedeutet das, was **ihr** lebt an Ausdrucksmöglichkeiten, das, was wahrhaft eure Seele darstellt, seht, dort, wo ihr durch Lebensberührungen reduziert wurdet, das heißt dort, wo euer Wille, euer Wünschen nicht Erfüllung lebte und ihr zurückstecken mußtet, loslassen mußtet. Nicht wurdet ihr dadurch weniger, nein… ihr wurdet dadurch immer stärker auf euren wahren Wert hingewiesen. Wie eingesammelt habt ihr euch, um wahrhaft ganz zu werden.

Ich sagte: Die Güte ist des Auges Licht, und die Liebe, der Friede, der Segen des Höchsten möge eure Herzen füllen mit der Kraft der Güte. Und dies bedeutet: jeden Tag neu das Bemühen um Großmut, um Nachsicht, um Geduld, jeden Tag neu das Herze zu öffnen der allumfassenden Liebe, jeden Tag neu Beachtung zu leben dieser Seiner Schöpfung, und seht: jeden Tag neu in dem **Mitfühlen** zu gehen, denn ist nicht Mitfühlen ein Begleiten, so wie eine Mutter ihr Kind an die Hand nimmt und es in das Leben führt?

Das Mitfühlen soll das Thema dieser unserer Begegnung sein.

Seht, ihr alle wißt, wie es ist, wenn das Herze in dem Mit**fühlen** geht. Und ihr alle wißt, wie es ist, wenn das Herze in dem Mit**leiden** geht. Mitfühlen ist immer der aktive Zustand, während das Mitleiden ein passiver Zustand ist. Warum ist dies, wie ist das zu verstehen? Seht: überall dort, wo ihr in Leiden geht und in dem Mitleiden, überall dort lebt ihr in euchtet hat, daß er in seiner Ganzheit steht. In dem Mitfühlen zu gehen bedeutet, daß die Seele beginnt mitzuschwingen, daß sie begleitende Funktion lebt.

Ich sagte, das Mitfühlen ist ein aktiver Zustand. Es bedeutet, daß die Seele weiß, was der andere für eii würde, wenn dieses Bild sich so erfüllt. Und nun begegnet ihr einem Menschen, dem ihr in Liebe zugetan seid, dessen Nähe ihr schätzt, und er erzählt euch von seiner Sorge, von seinem Leide, egal, welches Thema es auch immer sein wird und sein kann. Und ihr, die ihr eine Erwartungshaltung lebt an diesen Menschen und dem Thema, das ihn in die Sorge, in das Leid geführt hat, eine Entsprechung lebt, ihr geht in dem Mittragen seines Leides. Wo kommt dieser Mangelzustand in euch her? Wieso lebt ihr Resonanz einem Leide? Seht: immer ist die Ursache zu suchen in eurer Kindheit, immer ist die Ursache zu suchen in eurem Zuhause, in das ihr hineingeboren wurdet.

Wenn ihr in ein neues irdisches Leben geht, so trägt eure Seele Themen, die sie noch nicht erlöst hat, die sie noch nicht bewältigt hat, also sie lebt **für** bestimmte Themen eine Offenheit, eine Resonanz. Nun sucht ihr euch Eltern, ein Zuhause, die hier nicht etwa einen Ausgleich schaffen, so daß das Thema sich aufhebt, auflöst, nein, dieses euer Elternhaus wird das Thema vielmehr vertiefen.

Ich gebe euch ein Beispiel: Ihr habt vielleicht in einem vergangenen Leben ein wenig Unachtsamkeit gelebt mit euren Nächsten. Ihr gingt vielleicht in dem schnellen Wort, habt sie weggewischt oder habt durch Bevormundung oder durch ein Gebot sie in einen Nachteil geführt. Nun lebt also die Seele ein Thema, und das Thema heißt Unterdrückung. Dem Thema „Unterdrückung" lebt die Seele Resonanz. Jetzt werdet ihr in eine Familie hineingeboren – vielleicht geht die Mutter schon in einem reifen Lebensalter, kann sich nicht freuen über die Schwangerschaft, oder zwischen den Ehepartnern ist nicht Liebe, sondern Härte, Auseinandersetzung und Kampf – und es zeigt sich eine Schwangerschaft an. Die Mutter freut sich nicht über das Empfangenhaben. Was geschieht? All das, was sie an Unzufriedenheit lebt, überträgt sie auf das Ungeborene. Das Nicht-freudig-Annehmen, sondern die Abweisung des Ungeborenen signalisiert dem Kinde, nicht willkommen zu sein, eine Last zu sein, ungeliebt zu sein.

Was für ein Programm wird die Seele nun leben?

Sie kommt auf diese eure Erde, und das Kind wird Einsamkeit leben, Trauer leben, das Empfinden, überflüssig zu sein. Und es wird sehr scharf – nicht bewußt, sondern unbewußt – registrieren: „Wird mir ein liebendes Wort gesprochen, oder geht der Blick an mir vorbei?" Das Kind, die Seele, sie leiden unter Liebesmangel. Welcher Mensch geht nicht in dem Sehnen nach Liebe? Und selbst, wenn er bereits so reif geht, daß er nicht mehr dieses Sehnen, diese Erwartungshaltung an Menschen lebt, so wird er die Erwartungshaltung Gott gegenüber leben, das Sehnen nach Liebe, nach Angenommenwerden, nach Geborgenheit. Und dieses Kind geht nun in sein Erwachsensein. Es wird also eine Anfälligkeit leben für Menschen, die in der Klage stehen, für Menschen, die sagen: „Ich werde nicht geliebt, ich fühle mich zurückgestoßen, ich fühle mich nicht verstanden." Weil diese Seele in ihrer Kindheit erfahren hat, was es bedeutet, nicht geliebt zu werden, wird sie diese klagende Seele, diesen klagenden Menschen verstehen, lebt also seinem Thema eine Resonanz und beginnt, diesem Menschen Zuwendung zu leben, zum einen, um sich an diesem Menschen zu befriedigen, ihn mit Liebe zu überschütten, um Liebe zu erhalten, zum anderen, um seine Liebesfähigkeit zu erproben. Was ist das Ergebnis? Nicht Liebe, sondern gemeinsames Leid.

Wenn ihr euch einem Leidenden zuwendet, ihm eine Resonanz lebt, also… in dem Mitleiden geht, lebt ihr ihm nicht Liebe, sondern ihr lebt euch durch ihn aus. Und überall dort, wo Mitleiden ist, ein Sich-Sorgen, dort beginnt ihr handlungsunfähig zu werden. Ihr fühlt euch gelähmt, denn Leid bedeutet nicht Leben, sondern bedeutet Stillstand. Nun hat jedes Leid die Möglichkeit eines Läuterungsprozesses, aber wir sprechen von dem Mitleiden, wir sprechen davon, daß **ihr** noch in einem Thema steht, was euch das Mitfühlen noch nicht erlaubt.

Wie ist es nun, wenn ein Mensch in dem Mit**fühlen** geht? Es bedeutet, daß er seine Trauerprozesse ausgelebt hat, daß er sein Leid, daß ihn prägte, bearbeitet hat, daß er in seiner Ganzheit steht. In dem Mitfühlen zu gehen bedeutet, daß die Seele beginnt mitzuschwingen, daß sie begleitende Funktion lebt.

Ich sagte, das Mitfühlen ist ein aktiver Zustand. Es bedeutet, daß die Seele weiß, was der andere für ein Thema bewegt, es nachvollziehen kann, weil er durch das gleiche Thema gegangen ist. Aber… da er es verarbeitet hat, geht er nicht mehr in dem Leiden. Er fühlt und wird darum zu einem Begleiter. Und Begleitung ist immer ein aktiver Zustand. Dort, wo ihr nicht gelähmt geht von dem Leiden, dort lebt ihr Offenheit, dort könnt ihr Informationen aufnehmen, ihr könnt ihren Wert beurteilen, und ihr werdet die Möglichkeiten sehen, dem anderen in diesem seinem Zustande zu helfen. Also… nicht erlernbar ist dies. Das Mitfühlen ist ein Zustand, so wie das Mitleiden ein Zustand ist. Ihr könnt nicht sagen: „Ich stelle das Mitleid ab, und ab sofort gehe ich in dem Mitfühlen." Da kann ein Bemühen sein, aber… ihr werdet nur in diesen Zustand des Mitfühlens gehen können, wenn ihr euch bearbeitet habt, wenn ihr eure Themen verstanden habt, wenn ihr zurückgeblickt habt: „Warum kann ich nachvollziehen, und warum führt mich dieses Nachvollziehen in ein Leiden?" Ein Zurückblicken, um zu erkennen, um zu erlösen.

Und wenn ihr diesen Prozeß abgeschlossen habt, kann es sein, daß ihr immer noch in dem Mitleiden geht. Dann bedeutet dies, daß ihr in einem vergangenen Leben ein so gravierendes Thema gelebt habt, Menschen einen solchen Schaden zugefügt habt, daß ihr auf diese Weise ein Abtragen lebt. Welcher Mensch geht schon gerne in dem Leiden? Ihr geht vielleicht gerne einmal in der Klage, aber… wer leidet gerne? Und wenn ihr, nachdem ihr eure Kindheit und eure Jugend bearbeitet habt, in der Großmut und in dem Verzeihen gehen könnt diesem eurem Elternhaus und immer noch dieser Lähmungszustand des Leidens ist, dann wird dies bedeuten, kann dies bedeuten, daß ihr ein karmisches Thema auslebt. Und dann könnt ihr dieses Leid auflösen, indem ihr in eurer Bitte, in eurem Gebet steht, indem ihr auslöscht, auflöst, damit ihr freie Menschen werdet. Und Er wird es tun, denn überall dort, wo euer Herze in der Bitte sich Ihm zuwendet, wird und kann Er sich euch nicht verweigern, denn Liebe verweigert sich nicht, Liebe will in Leben führen, Liebe will in Wachstum führen, und darum wird Gott euch erhören.

Das Mitfühlen hält diese eure Erde im Leben. Das Mitleiden bedeutet, Verhärtung zu leben, das Mitleiden bedeutet, die Augen zu schließen. Das Mitfühlen bedeutet, daß ihr ganz zart, ganz feinsinnig und ganz empfindsam auf einen Menschen zugeht und mit ihm tragt. Das bedeutet, seine Lasten ein wenig verlagern. Es bedeutet, ihm wieder Mut zu schenken, es bedeutet, ihm wieder Handwerkszeug in die Hand zu geben, so daß er Aktivität leben kann, so daß er Hoffnung und Zukunft leben kann. Und seht, das ist wahrhaft göttliche Nähe dem anderen leben. Ihr erlaubt ihm, sein Leid zu leben, ihr begleitet ihn, vielleicht trauernd, aber nie leidend, ihn umsorgend, aber nie leidend. Und auf dies Weise überlaßt ihr ihn seinem Thema. Ihr verlaßt ihn nicht, aber… ihr laßt ihn in seinem Thema, so daß ihm die Möglichkeit gegeben wird, zu verstehen, zu bearbeiten, Erlösung zu erfahren.

Und ihr wißt alle, Leiden ist Reifungsprozeß. Und das Leid eines Menschen lindern ist ein liebevoller Akt, je nachdem, um welches Thema es sich handelt. Aber… in dem Mitleide zu gehen bedeutet, dem anderen sein Leid zu vertiefen, bedeutet, ihm nicht den Weg des Lichtes zu zeigen oder **ihn** den Weg des Lichtes finden zu lassen, sondern durch eure eigene Klage, durch euer eigenes Leid verschlossen zu halten, nicht in das Leben zu führen, sondern in dem Stillstande zu halten. Und überall dort, wo ihr das Mitfühlen lebt, schenkt ihr der Seele dieses Menschen, in Wachstum zu gehen, seine Stärke zu erfahren, seine Kraft zu erfahren, um Licht leben zu können.

Ihr alle werdet in Lebenssituationen geführt, in Leidsituationen, und sie sind wahrhafte Prüfungen für euch. Denn erst im Leide habt ihr die Möglichkeit zu entscheiden: „Welchen Weg will ich gehen? Will ich den Weg des Klagens und der Bitternis gehen, der Verzweiflung, oder will ich den Weg des Vertrauens gehen? Will ich den Weg des Lichtes gehen, der Geduld, der Demut?" Seht, und wenn hier ein Begleitender ist, ein Mitfühlender, er ist wahrhaft wie eine Mutter, wie ein Vater; sie beobachten ihr Kind. Sie achten darauf, daß es sich kein Leid zufügt. Aber sie lassen es erproben, sie lassen es experimentieren, damit es sich und seine Möglichkeiten erfahren kann. Ein wunderbarer Prozeß! Und nur der, der selbst noch in Themen steht, die den anderen berühren, er kann nicht Zuschauer sein, er kann nicht liebender Vater und liebende Mutter sein, begleitend, beobachtend, um gegebenenfalls einzugreifen, nein… er glaubt einschreiten zu müssen, und sein Mitleiden behindert den anderen in seinem Wachstume.

Ich möchte euch animieren: Überall dort, wo ihr in der Berührung des Mitleidens steht, wo euer Herz blutet, wo ihr Trauer lebt und Tränen, fragt euch: „Warum berührt mich dieses Schicksal so, warum berührt mich dieses Thema so?" Geht ganz langsam zurück in diese eure Kindheit, beobachtet noch einmal, schließt die Augen, holt euch Szenen eures Zuhauses in euer Gedächtnis, beobachtet: wie habt ihr empfunden, wie habt ihr reagiert? Denn seht: wie häufig in eurem Leben habt ihr Leid verdrängt, um zu überleben, um nicht an dem Leide zugrunde zu gehen oder zu resignieren? Und überall dort, wo verdrängt wurde, ist nicht ein Erinnern. Ihr habt euch Bilder gemalt, so wie sie euch schön erschienen, um wahrhaft zu überleben. Und hier noch einmal das Anblicken, das Prüfen: „Sind die Bilder so gewesen, oder hat mein Wünschen, mein Sehnen sie so gebildet?" Auf diese Weise beginnt ihr, in die Selbsterkenntnis zu finden, erfahrt ihr euch, lernt ihr **euch** kennen und könnt dieses Leid in euch erlösen.

Überall dort, wo ihr im liebevollen Betrachten geht, im Bedauern, daß ein Mensch ein solches Thema trägt, in einem solchen Leiden steht, in einer solchen Einschränkung und Eingrenzung, überall dort, wo ihr in dem Betrachten und dem Bedauern geht, lebt ihr die wunderbare Möglichkeit, in Güte, in wahrhafter Liebe und damit in Aktivität zu begleiten, aber den anderen nicht aus seiner Mündigkeit, aus seiner Verantwortung zu entheben aus dem Thema, das **er** sich gewählt hat für dieses sein heutiges Leben und nach dem **er** bemessen und gemessen wird, sich messen wird an dem Tage, wo er zurückkehrt in die geistige Welt.

Ihr geht über diese eure Erde, und ihr lebt in einer Abhängigkeit voneinander. Aber Abhängigkeit bedeutet nicht ein Fixiertgehen oder ein Besitznehmen des anderen, ein Inbesitznehmen. Es bedeutet zu wissen: in der Gemeinschaft sind wir stark, und die Gemeinschaft kann uns zu Siegern machen, kann diese Erde im Wachstum halten, kann diese Erde in Erneuerung führen. Gemeinschaft bedeutet ein Sich-Beachten, es bedeutet ein Sich-Achten, und es bedeutet damit, jeden in seinen Lebensaufgaben stehenzulassen, nicht einsam, nicht verlassen, aber ihm die Möglichkeit zu schenken, selbst zu lösen und zu erlösen. Und die Güte, sie wird euch ein wunderbarer Begleiter sein, denn die Güte ist wie ein Lebensatem. Die Güte ist wie ein Licht in der dunklen Nacht. Die Güte ist wie eine süße Frucht. Und der, dem sie zuteil wird, wird das Leben eurer Güte fühlen. Und der, dem sie zuteil wird, wird ihren süßen Duft und ihren süßen Atem verstehen, in sich aufnehmen, und es wird ihm die Güte erschlossen werden.

Der, der sie lebt, beginnt bereits auf dieser eurer Erde, Abschied zu leben. Und Abschied zu leben bedeutet, nicht berührt zu werden, nicht mehr aus sich herausfallen zu können. Unberührt zu bleiben, nicht weil er gefühllos wurde, weil er desinteressiert wurde, weil er sich von der Welt abgeschlossen und abgeschnitten hat, nein… weil er in dem Lächeln der Liebe schwingt, weil er Gottes Liebe verstanden hat und Ihr Ausdruck gibt durch seine Güte.

Die Güte ist des Auges Licht! In dem Maße, in dem ihr die Güte lebt, wird dieses euer eines Auge Licht werden, und ihr werdet die Wahrheit erkennen, ihr werdet die Wahrheit verstehen, und ihr werdet zu Weisen werden.

Kann ich euch noch etwas sagen zu diesem Thema?

Ich weiß nicht, ob es jetzt direkt zu diesem Thema gehört, aber du hast soviel von Menschen gesprochen, vom Mitfühlen und Mitleiden. Ich habe eine Frage zu den Tieren. Wieso müssen Tiere so sehr leiden, bevor sie sterben? Wieso haben sie schreckliche Krankheiten, leiden darunter sehr lange, wie entwickelt sich ihre Seele? Sie können ja nicht mit ihrem Verstand an sich arbeiten und sagen: „Aha, aus diesem Grund habe ich jetzt die Krankheit, das muß ich ändern, dann werde ich wieder gesund?"

Siehe, mein Kind, es ist so: Ein Kind wird geboren, auch ein Kind lebt noch nicht Verstand, ein Säugling lebt nicht Verstand, ein Säugling, der gerade geboren wird. Er geht durch den Geburtskanal, er fühlt plötzlich Enge, er fühlt Bedrückung, er lebt Lebensnot und Lebensangst. Das bedeutet also: die Seele erfährt durch Leid Prägung, und die Seele erfährt durch Leid Wachstum, **und wahrhaft kann nur über Leid Evolution sein.** Bewußtes oder unbewußtes Leid führt in Evolution. Und dies bedeutet nun für Tiere, siehe, nimmst du die Haustiere: Ihr habt sie bereits über Jahrhunderte oder Jahrtausende so stark an euch gebunden, daß sie euch ein Echo leben, daß sie euch eine Resonanz leben, und ihr sprecht dann von Gefühl, sie reagieren auf eure Sprache und euer Verhalten. Geht ihr in dem Grolle, so leiden auch sie. Und nicht will ich jetzt zuerst von ihnen sprechen, sondern von den Tieren, die in der Wildbahn sind, die also nicht die Resonanz mit den Menschen leben, das Echo mit ihnen leben, und diese Tiere, siehe, auch sie erkranken, leben Schmerz und sterben. Aber... es ist ein Schmerzleben, und ein Schmerzleben und ein Leidleben, siehe, das ist ein großer Unterschied. Weißt du, auf was ich hinaus will? (*Ja*) Die Tiere, die noch nicht das, was ihr nennt „menschliches Bewußtsein" leben, also ein Einordnen können: Warum geschieht mir das jetzt?

das geschehen, die Ampel war grün?" Nun finden sie eine Erklärung: Die Ampel war defekt. Das bedeutet also: ein Mensch analysiert, er hinterfragt: „Warum ist das geschehen, warum geschieht **mir** das, warum lebe ich Schmerz?" Und diesen Schmerz, dieses Nicht-das-leben-Können, was **er** möchte, was ihn zufrieden und glücklich machen würde, er nennt es Leid. Ein Tier lebt in dem Sinn nicht Leid, sondern es lebt Schmerz.

Jetzt betrachte: eine Tiermutter verliert ihr Kind. Es gibt Tiergattungen, die noch eine ganze Weile bei diesem Kind verweilen, es umsorgen, darauf warten, daß es sich wieder erhebt und mit der Mutter mitgeht. Betrachtet ihr ein solches Bild, dann sagt ihr: „Die Mutter, sie leidet, sie trauert um dieses Kind." Sie handelt aus einem Instinkt heraus. Denn betrachte andere Tiergattungen, was tun sie? Betrachte die Vögel. Lasse uns sagen: vier Vögel sind in einem Nest geschlüpft. Was machen die Eltern? Sie füttern das Erstgeschlüpfte. Nun schlüpft das zweite. Was machen sie? Das erste hat den Vorzug eines Tages, kann also bereits energischer um Futter betteln. Und die Eltern füttern weiter das erste und das, was übrig bleibt, bekommt das zweite. Siehe: wo ist da Liebe, wo ist da Umsicht? Da ist nicht Liebe, und da ist nicht Umsicht, sondern da ist Instinkt, da ist lebenserhaltender Instinkt.

Ein Tier, es lebt Schmerz, und weil ihr Schmerz mit Leiden identifiziert, beginnt ihr, mit einem kranken Tier mitzuleiden, projiziert ihr also euren eigenen Schmerz, eure Unzulänglichkeiten, eure Hilflosigkeit auf dieses Tier. Ein Haustier, das ihr also an euch gewöhnt habt, das Resonanz lebt – wir sprachen jetzt zuerst von den Tieren in der Wildbahn, die noch unberührt gehen von den Menschen – ein Haustier, dem ihr Resonanz lebt, dem ihr Echo lebt, das ihr eingegliedert habt in diese eure Familie, es lebt bereits ein höheres Bewußtsein. Es wird noch immer geführt vom Instinkt, aber es entwickelt bereits Gefühle für

Situationen. Ein solches Tier, wenn es erkrankt, es wird in dem Vordergrunde wieder stehen der Schmerz und nicht das Leid. Ein Tier leidet, wenn ihr es an euch gebunden habt, es mit euch vertraut gemacht habt und fortgebt, abgebt, also der Liebesfluß unterbrochen wird, **dann** beginnt ein Tier zu leiden. Überall dort, wo Liebesbande geschlossen werden zwischen Tier und Mensch und ihr ein Tier verlaßt, beginnt dieses Tier zu leiden. Und dies kann selbstverständlich zu einem körperlichen Schmerz für das Tier werden. Aber grundsätzlich bedeutet es immer, daß der Liebesstrom, der zuvor geflossen ist zwischen euch und dem Tiere, nun unterbrochen wurde und dieses Tier orientierungslos geht, nicht mehr ein Zuhause lebt, also in diesem Falle leidet. Doch sobald eine körperliche Erkrankung ist, ist nicht Leid, sondern Schmerz. Nun fragst du „Zu was dient den Tieren das Leid oder dieser Schmerz?" – ebenfalls zur Entwicklung.

Ich sprach: ein Kind wird geboren, und auch es versteht noch nicht, denkt noch nicht mit, kann noch nicht einordnen. Es geht durch den Geburtskanal, erlebt Schmerz. Siehe, überall dort, wo Evolution stattfindet, also… wo ein Leidzustand stattfindet oder ein Abschied durch einen irdischen Tod, geht ihr wie durch einen Tunnel. Ihr sagt selbst häufig: „Ich habe nicht mehr klar gesehen, um mich war alles dunkel, es war alles schwarz", oder: „Ich habe mich durch dieses Thema hindurchgezwängt, es war alles eng um mich, ich fühlte Enge und Beklommenheit." Das sind immer Zustände, wo ihr durch einen Tunnel geht, wie wenn ihr zurückkehrt in die geistige Welt durch dieses Tunnelerlebnis. Und so ist es, wenn ihr oder wenn diese Tiere in einem Schmerz oder in einem Leidzustand gehen. Es bedeutet, daß sie, daß ihre Seele in eine höhere Entwicklung geführt wird, bei den Tieren aber nicht bewußt. Trotzdem wird in der Seele dieser Schmerz oder Leidzustand gespeichert. Und überall dort, wo Leiderfahrungen sind, ist Wachstum – ja.

Meinst du, daß damit die Frage beantwortet ist? Sie paßt wunderbar in das Thema.

Es ist doch so, wenn wir Mitleid leben mit einem Tier, das krank ist, daß wir das Leiden noch nicht überwunden haben?

Ja, selbstverständlich! Es ist ja so, wenn ihr ein Tier liebt, daß ihr es nicht ertragen könnt, diese bittenden Augen, diese hilflosen Augen oder dieser blinde Blick! Es zieht sich von euch zurück. Ihr seid nicht mehr aktiv. Seht, wie ich es vorhin sagte: Mitleiden ist ein passiver Zustand. Ihr steht vor diesem eurem Tiere und wißt nicht: was soll ich tun, was kann ich für dieses Tier tun, wie kann ich ihm helfen? Ihr müßt **sein** Thema ertragen. Und je nachdem, in welcher Liebesbeziehung ihr geht – seht, dies ist ja eine Liebe, die besitzen will! Selbstverständlich wird mit einem Tier ein großer Liebesaustausch gelebt; ein Tier schenkt euch ja eine bedingungslose Liebe, entweder es liebt euch oder es liebt euch nicht, aber nie wird es halb lieben – und nun wird euch diese Liebe des Tieres genommen. Oder ihr, die ihr in einem Liebesbedürfnis lebt, das ihr vielleicht an einem Menschen nicht ausleben könnt, weil ihr euch von Menschen unverstanden fühlt oder weil Liebe nicht zurückkommt, ihr schenkt eure Liebe, euren Liebesüberfluß einem Tiere, und nun soll dieses Tier von eurer Seite genommen werden oder geht in einem großen Schmerz. Es ist doch ganz normal: Überall dort, wo ihr in der irdischen Liebe steht, seid ihr leidensfähig, wenn euch der Gegenstand, das Objekt dieser eurer Liebe genommen wird.

Nun ist es so: lebt ihr einem Vogel ein Mitleiden – ihr seht, ein Vogel ist aus dem Nest gefallen, und tot liegt er auf der Straße, ihr kommt vorbei, ihr leidet mit. Was bedeutet dies? Ihr habt doch zu diesem Tier gar nicht einen Bezug gelebt. Es ist doch ein fremdes Wesen, ein euch nicht vertrautes Wesen – wenn ihr da in dem Mitleiden geht, dann lebt ihr dem Thema „Tier" einen ganz besonderen Bezug, eine ganz tiefe Nähe, und es wird bedeuten: ein karmisches Thema. Ihr könnt nicht den Schmerz oder den Tod oder die Mißachtung von Tieren erleben, weil ihr in einem vergangenen Leben Tieren nicht Beachtung schenktet, nicht die Achtung schenktet und in dem heutigen Leben Tieren gegenüber diese tiefe Berührung lebt, um **ihr** Leben nun endlich zu beachten und zu schützen – ja.

Jetzt überlegt: wenn ihr einem Tier ein Echo lebt, geht ihr in dem Mitfühlen oder geht ihr in dem Mitleiden. Wie ist es, wenn eine Fliege euch ärgert oder eine Mücke? Seht, ich habe es schon genau formuliert: ärgert, – eine Fliege, – eine Mücke. Oder… ihr fahrt des Abends in dem Auto – es muß ja noch nicht einmal des Abends sein, laßt es Sommer sein – ihr fahrt in eurem Auto. Wie viele Tiere tötet ihr da? Nicht ein Reh, nicht ein Wildschwein oder einen Hasen oder einen Vogel, nein… wie viele Mücken, wie viele Falter, wie viele Fliegen tötet ihr, die gegen diese eure Windschutzscheibe prallen? Und ihr beachtet es nicht, oder ihr denkt: Ich muß die Scheibe wieder einmal sauberwischen, sie ist so verschmutzt, damit ich etwas sehe oder besser sehe. Das bedeutet also: **ihr** entscheidet, welchem Tier oder welcher Tiergattung ihr eine Resonanz lebt. Und das könnt ihr ja auch beobachten. Der eine liebt den Hund, der andere die Katze, der dritte den Vogel, der vierte will gar keine Tiere, hat gar keinen Bezug zu ihnen, lebt ihnen gar nicht Resonanz. Und der fünfte würde sich am liebsten einen Elefanten halten, wenn diese Möglichkeit bestehen würde.

Das bedeutet also: so wie ihr zu einer Pflanze oder zu unterschiedlichen Blumen oder Bäumen eine Resonanz lebt, eine Sympathie oder Antipathie, so lebt ihr auch Tieren eine Sympathie oder eine Antipathie je nachdem, welch ein Thema in euch zu ihnen ist – ja. War jetzt deine Frage damit beantwortet?

Dazu habe ich noch eine Frage: Dann dürften wir Haustieren jetzt eigentlich keine Sterbehilfe leisten, indem wir zum Beispiel zum Tierarzt gehen und ihnen eine Spritze geben lassen?

Ihr greift immer in den Schöpfungsakt ein, wenn ihr einem Tier das Leben nehmt. Nun ist es so: ihr habt zu diesem Tier einen Bezug aufgebaut, es hat euch begleitet, und nun sehr ihr seinen Schmerz. Ihr glaubt häufig, in einer humanen Handlung zu gehen, wenn ihr diesem Tier eine Sterbehilfe leistet. Aber... ist dies wahrhaft human? Bedeutet es nicht vielmehr, daß ihr euer Leid nicht mehr sehen könnt, nicht ertragen könnt, den Schmerz des Tieres nicht sehen könnt, den Schmerz nicht ertragen könnt, weil **ihr** leidet? In dem Moment, wo ihr einem Tier das Leben nehmt, unterbrecht ihr seinen Lebenszyklus, unterbrecht ihr seine Lebensspanne und nehmt damit dieser Tierseele die Möglichkeit des Wachstumes.

Wie ist es nun bei Menschen, die sich ernähren von dem Tierfleisch? Seht – auch dies habe ich schon wiederholt gesagt – zu allen Zeiten gingen die Menschen in dem Genusse von Fleisch, haben sich von dem Tier ernährt, aber... in früheren Zeiten wurde immer die Seele des Tieres zum einen um Verzeihung gebeten, zum anderen um die Bereitschaft, sich für diesen oder diese Menschen zu opfern. Das bedeutet also: es wurde noch die Achtung gelebt dem Tier. Es wurde nicht mutwillig abgeschlachtet, sondern ihr habt es geehrt, ihr habt es um dieses Opfer gebeten. Auch damit habt ihr einen Lebenszyklus unterbrochen, aber... durch die Achtung und Beachtung der Seele habt ihr diesem Tier damit nicht eine Behinderung, ein Hindernis aufgebaut, sondern diese Tierseele konnte in eine schnellere Wiedergeburt gehen – ja. Ist es so verstehbar?

Noch eine Zusatzfrage: Wenn jetzt ein Tier zum Schluß schreit oder Schmerzenslaute von sich gibt und die Nachbarschaft gestört wird, dann kommt der Tierschutzverein, was macht man dann?

Ja, am besten dem Tier schmerzstillende Präparate verabreichen oder wie in einen Schlaf legen, so daß also das Tier wie in einem Dämmerzustande geht.

Also darf man Morphium oder so etwas geben?

Ja, ein schmerzstillendes Mittel.

Aber viele Tierärzte verweigern so etwas auch, sie sagen, es ist eine Tierquälerei, und wollen es einfach nur einschläfern.

Ja nun, das kommt selbstverständlich immer auf den Wissensstand eines Menschen an. Für **ihn** bedeutet das, was **ihr** machen würdet, Tierquälerei. Für ihn bedeutet es nicht Wachstum der Seele, und er wird nie euch in einer Opferhaltung sehen, wird also nie die Größe eurer Geste erkennen. Für ihn seid ihr Tierquäler, und dann wäre es selbstverständlich klug, zu einem anderen Tierarzt zu gehen.

Seht, wie ist es in der Wildbahn? Ein Tier verletzt sich, und es ist nicht mehr in der Lage, sich zu bewegen und damit sich zu ernähren. Was wird aus ihm? Es bleibt liegen, es wird sterben, und keiner ist da, der eine Sterbehilfe leistet. Was ist das für eine Moral, die ihr da lebt oder die gelebt wird von vielen Menschen? Wo ist da eine Gerechtigkeit? Wo ist **da** das Mitleiden mit dem Tier? Es bedeutet also, überall dort, wo ihr nicht Konfrontation lebt – ihr lebt ein Wissen, aber nicht Konfrontation – könnt ihr leichter damit umgehen, könnt ihr darüber hinweggehen. Und überall dort, wo ihr konfrontiert werdet, da wird es für euch problematisch, weil **ihr** eine Entscheidung treffen müßt, die euch in eine große Berührung führt, die euch in ein Leiden führt.

Ist da nicht ein großer Unterschied zwischen einem Tier in der Wildbahn, das noch ganz seinem Instinkt lebt, und einem Haustier, das sich uns schon angeschlossen hat?

Ja, es ist so, daß dieses Liebesband gelebt wird, von dem ich sprach, aber… beide Tiere haben eine Seele, beide sind Tiere. Nur weil du zu einem Haustier ein Liebesband geknüpft hast, ist es ja nicht mehr wert, als das Tier in der Wildnis. Beide sind Schöpfungsakte Gottes. Aber durch deine Liebe zu diesem Tier hast du ein engeres Band geschlossen zu deinem Haustier, aber darum ist ja nicht das andere Tier weniger wert. Ist die Mücke weniger wert als dein Haustier? Beide sind Schöpfungsakte Gottes, beide leben eine Aufgabe, ein Thema. Das Haustier: dich zu unterhalten, mit dir zu reifen und zu wachsen. Und die Mücke, nun welche Aufgabe lebt sie? (*Uns zu ärgern.*) Euch zu ärgern, so ist es, ja, euch zu ärgern, das ist sehr klug beobachtet.

EMANUEL, verlängern wir das Leid, indem wir diese Tiere versorgen, wenn sie sich selbst gar nicht mehr versorgen können?

Ja, selbstverständlich.

Ist es nicht auch so mit dem Menschen, der künstlich ernährt wird, verlängern wir nicht auch da den Schmerz?

Ja, selbstverständlich, aber siehe, das ist ja das Problem.

Du kannst sagen: „Ich lasse jetzt mein Tier sterben." Normalerweise wird ein sehr krankes Tier die Nahrung verweigern, es hat noch einen gesunden Instinkt. Ist das so? (*Ja!*) Ein Mensch, der nicht mehr essen will, zeigt damit auch, daß er noch einen gesunden Instinkt hat, und in der Regel ist es auch dort so. Ein Schwerkranker oder ein Sterbender wird nicht mehr großen Appetit leben, wird das Essen verweigern. Es bedeutet: er zieht sich von dem Alltagsgeschehen zurück, er geht in sich, er schließt sich ab zu diesem Sterbeakt, und ein künstliches Ernähren ist im Grunde ein Eingreifen wieder in seinen Lebenszyklus.

Aber nun siehe, das ist ja das Problem, ihr seid ja human. Wie könnt ihr einen Menschen verhungern lassen? Es ist ein großes Thema.

Ich habe noch einmal eine Frage zu den Tieren: Unser Kater war jetzt kürzlich sehr, sehr krank, hat das Fressen und auch das Saufen verweigert, und ich habe ihm künstliche Proteine gekauft, das steht in einem Buch, und habe ihn also praktisch zwangsernährt, wenn man so will, indem ich es ihm in sein Mäulchen reingeträufelt habe. Wenn ich das nicht gemacht hätte, könnte ich mir vorstellen, daß er gestorben wäre. Jetzt hat er sich aber wieder erholt, und jetzt frißt er wieder nach fünf Tagen.

Wie schön, siehe, da hast du nicht in seinen Lebenszyklus eingegriffen. Er hat plötzlich das Essen verweigert und das Trinken verweigert, aber… es ist ja nicht so, daß du mit ihm bei dem Arzt warst, und er hat gesagt: „Er ist unheilbar krank." Es war ja nicht so, daß er eine schlimme Verletzung hatte und blutete oder was auch immer.

Wir sprechen jetzt von diesen Fällen, wo die Ärzte sagen: „Ich kann diesem Tier nicht mehr helfen, das Tier ist am Sterben", oder: „Es wird sterben, ersparen sie ihm seine Schmerzen."

Schmerzen hat er aber gehabt, Ich nehme an, wenn ich zum Arzt gegangen wäre – ich kann es nicht behaupten, aber ich könnte mir vorstellen, daß er vorgeschlagen hätte, das Tier einzuschläfern, denn der Kater hatte große Schmerzen.

Ja, aber siehe, da geht ihr individuell vor. Du hast diesem Tier versucht, deine Hilfe zu geben, das heißt du hast es zwangsernährt, damit es nicht austrocknet oder verhungert. Damit hast du ihm eine Brücke gebaut in dieser Zeit, wo er mit sich in dieser Entscheidung ging, wenn ich das so formulieren kann: „Will ich sterben oder will ich leben?" Und selbstverständlich ist es wichtig – ihr sollt nun nicht, wenn ein Tier plötzlich in der Ecke liegt und nicht reagiert, sagen: „Nun ja, es wird sterben." Nein, das wäre ja mutlos, und das wäre ja kampflos, selbstverständlich sollt ihr Einsatz leben für diese eure Tiere. Es geht hier um diese letzte Zeit, um diese Sterbephase.

Und genauso ist es dann auch bei den Menschen, daß wir dann auch Einsatz leben sollen? Oder meintest du es anders?

Wie meinst du das? Daß ihr erst Einsatz leben solltet?

Ja, daß wir dann doch erst alle Mittel anwenden sollen, um den Menschen am Leben zu erhalten?

Ja, selbstverständlich, seht, je länger ein Mensch lebt, umso länger hat seine Seele die Möglichkeit zu reifen.

Aber nehmen wir dann nicht auch wieder Eingriff in seine Entwicklung, wenn wir ihn zwangsernähren?

Ja, also jetzt folgendes Thema: Ein Unfall, dieser Mensch, er liegt im Koma, also er liegt noch bewußtlos in diesem seinen Schmerzen. Selbstverständlich müßt ihr ihn dann zwangsernähren, denn es kommt ja immer auf die Situation an: Ist ihm durch diese Ernährung eine Hilfe gegeben, also... ist sein Körper in einem Zustande, wo er, wenn er ernährt wird, wieder zurückgeht in die Gesundheit, oder ist die Zwangsernährung eine Lebensverlängerung, wo die Seele sagt: „Jetzt reicht es, ich möchte gehen", und durch eine Zwangsernährung dieser Körper länger am Leben erhalten wird. Jetzt könnt ihr selbstverständlich sagen: „Nun ja, eine Lebensspanne steht ja fest, und wenn ich einen Menschen zwangsernähre, dann bedeutet dies, daß die Seele sich das ausgesucht hat." Ihr könnt auf alles ein Argument finden. Das ist durchaus möglich, das bedeutet: Die Seele hat sich ausgesucht, von euch noch gequält zu werden. Das ist jetzt sehr kraß formuliert. Was ist die Achtung des Lebens? Achtung des Lebens, sie bedeutet, eine Seele zu respektieren, sie nicht von euch abhängig und euch gefügig zu machen. Und je sensibler und je sensitiver und je feinfühliger und je liebevoller und je gütiger ihr werdet und je demütiger, werdet ihr genau fühlen: „Ist hier ein Einsatz gefordert, oder sollte ich mich hier zurücknehmen, soll ich der Seele die Entscheidung überlassen?"

Es ist so, ihr könnt nie dafür ein allgemeingültiges Bild nehmen, ihr könnt dafür nicht Regeln aufsetzen.

Jetzt habe ich noch eine Frage: Ist es nicht generell so, daß die Seele selbst entscheidet, wann sie geht?

Grundsätzlich ja, aber siehe, es ist ja so: Eine Seele lebt einen Ermüdungsprozeß, sie sagt: „Ich möchte jetzt den Abschied leben." Und wenn ihr durch eure Hilfe eingreift, daß bedeutet also, den Körper wieder in eine Frische stellt, so daß die Zellen wieder in die Arbeit gehen können, wieder Versorgung erleben, da kann die Seele sagen: „Ich will gehen", aber sie kann es noch nicht, sie wird festgehalten.

In Altersheimen die ständige Flüssigkeitszufuhr, die aufgezwungen wird, wo der Mensch doch selbst kein Durstgefühl mehr hat, kein Empfinden mehr dafür. Ist das so?

Du meinst, ob dies lebensverlängernd ist? (*Ja*)

Ja gut, es ist so, ich sagte, die Seele lebt ja eine bestimmte Lebensspanne, und die ist nicht variabel, sie ist, wie sie ist. Das heißt, ihr habt eure Lebensspanne festgelegt. Wenn ein Mensch auf diese Weise ernährt wird, wo der Körper gar nicht mehr Bedarf lebt, aber ihr glaubt: „Es ist wichtig für diesen Körper, daß der Mensch noch weiterlebt, daß die Seele noch in diesem Körper bleibt", dann heißt das, daß die Seele selbstverständlich sich damit einverstanden erklärt oder erklären muß, aber es ist ein Zurückhalten, es ist ein Ziehen. Wie kann ich es euch anders erklären? Die Seele, sie lebt im Grunde ja auch nicht einen freien Willen. Überlegt euch, ihr lebt Bezug zueinander. Jetzt kannst du sagen, im Altersheim wird nicht Bezug gelebt zu diesen Menschen, die dort versorgt werden. Aber ihr seid ja in einem Gefühl, ihr seid ja eingebunden in eine Gesellschaft, und ihr paßt euch an oder ihr paßt euch nicht an – es ist ja nicht euer Verstand, der sich anpaßt oder nicht anpaßt, sondern die Seele. Das bedeutet also: Die Seele läßt sich darauf ein. Es ist ja nicht so, daß ihr sagt: „Das ist der Tag der Geburt, am 23.5. ist der Tag der Geburt, und am 28.5.19?? ist der Todestag." Da sind Bewegungszeiträume drin, da ist eine variable Zeit. Das heißt also, in dieser Zeit von … bis … werdet ihr Abschied leben, wird die Seele Abschied leben. Und wenn ihr versucht, sie zu halten durch diese Maßnahmen, dann führt ihr sie im Grunde in einen Leidzustand, der selbstverständlich wieder in eine Läuterung führt oder in ein Erkennen führt, aber er kann auch in eine Verbitterung führen. Das bedeutet vor allen Dingen, der Seele nicht Achtung leben.

Selbstverständlich laßt ihr einen alten Menschen nicht verhungern und nicht verdursten, je nachdem in welcher geistiger Wachheit er steht. Steht er in geistiger Wachheit, werdet ihr ihm das Essen servieren, und er wird sich bedienen, und ihr animiert: „Iß noch ein Stückchen mehr oder trinke noch eine halbe Tasse." Ihr animiert, aber ihr zwingt nicht. Und dort, wo ein geistiges Sich-Zurücknehmen bereits stattfindet, der Mensch also von sich aus gar nicht mehr essen oder trinken würde, weil er in einem geistig wirren Zustande bereits ist, dann füttert ihr ihn, dann gebt ihr ihm zu trinken, selbstverständlich, dann versorgt ihr ihn, ihr sagt: „Mache den Mund auf, kaue!", und das ist richtig. Ihr könnt ihn ja nicht verhungern lassen, aber das rechte Maß in allem. Also nicht mehr: ein alter Mensch muß so und soviel Liter trinken, Mund auf, hinunterschlucken. Selbstverständlich werden sie es dann nicht tun. Ihr werdet ihm zu trinken geben in einem rechten Maße und zu essen, aber ihr werdet ihn nicht zwingen, diesen Körper oder diese Seele.

Das heißt also, daß die Lebensspanne von vornherein festgelegt ist von der Seele für diese Inkarnation und auch später nicht mehr durch irgendwelche besonderen Ereignisse oder was auch immer wesentlich verkürzt oder verlängert werden kann, außer dieser Pufferzone?

Es ist so: ihr lebt ein Maß an Entscheidungsfreiheit, wenn ihr kommt auf diese eure Erde. Aber dieses Maß der Entscheidungsfreiheit ist sehr gering. Ich erkläre es euch so: Wenn ihr auf diese eure Erde kommt, lebt ihr ein Programm, das ihr bewältigen wollt, ihr lebt Vorgaben und Muster. Innerhalb dieser Vorgaben und Muster das, was ihr erfahren müßt, erfahren sollt. Darauf werdet ihr hingeführt. „Erfahrungen müßt" ist nicht klug formuliert. All das, was ihr an Mustern und Programmen in euch tragt – ihr werdet in diese Themen hineingeführt, sie werden sich vor euch aufstellen, und euer freier Wille besteht darin zu sagen: „Ich mache mit, ich mache nicht mit. Ich gehöre dazu, ich gehöre nicht dazu", also das Ja und das Nein sprechen, das ist euer freier Wille, und es ist bereits sehr viel. Mit diesem freien Willen könnt ihr euch in Wachheit führen, mit diesem Ja und diesem Nein. Diese Entscheidung leben: ich will, ich will nicht! hilft euch, in eure Mitte zu finden, in das, was wahrhaft euch zu Gott führt. All das, was euch zufällt, wo ihr sagt: Schicksal, Zufall oder wie auch immer, ist das Programm, das ihr gewählt habt.

Wenn du jetzt sagst: „Ich verlasse dieses Haus und werfe mich vor das erste Auto. Ich will sterben", oder du sagst: „Ich geh jetzt in den Fluß" oder „Ich nehme Tabletten und morgen bin ich nicht mehr da", dann kannst du dies selbstverständlich tun. Das bedeutet nun nicht, daß deine Lebensspanne, die du dir gewählt hast, hier endet, daß dies die Zeit war, sondern dein freier Wille hat hier deine Lebensspanne enden lassen. Hättest du deinen freien Willen anders eingesetzt, hättest du noch diese Pufferzeit gehabt. Sie ist unterschiedlich; es ist immer gefährlich, von ihr zu sprechen, weil es häufig dann ein Mißverstehen gibt unter den Menschen, weil sie sich vorstellen, Anfang und Ende sind feststehende Daten. Selbstverständlich sind da feststehende Daten, aber innerhalb dieser Daten habt ihr eine Bewegungsfreiheit, und nicht nur das: Innerhalb dieser Daten gibt es auch noch den Gnadenakt Gottes, und er kann aussehen lebensverkürzend oder lebensverlängernd – je nachdem.

Da habe ich auch noch eine Frage: Wenn sich jemand das Leben nimmt, also sich selbst entschließt: Ich bring mich jetzt um, und fährt gegen eine Wand. Was passiert dann mit ihm? Obwohl seine Lebensspanne noch nicht zu Ende ist, wird er dann trotzdem abgeholt und in die geistige Welt begleitet, oder irrt er dann erst einmal hier in der Gegend herum?

Ja, siehe, es ist so: **Gott ist Liebe**, und die geistigen Helfer sind **Liebe** und sie werden selbstverständlich nicht sagen: „Der hat sein Leben verkürzt, nun soll er schmoren, der interessiert uns nicht", sondern sie werden da sein. Es kommt nun darauf an, in welcher geistigen Wachheit dieser Mensch steht. Lebte er nicht ein Wissen um die geistige Welt und ein Erwachen in der geistigen Welt, dann wird seine Seele unorientiert sein. Sie wird den Körper liegen sehen an diesem Unfallort und wird sagen: „Nun, was ist denn, ich habe doch gerade Selbstmord begangen, warum lebe ich denn noch?" Er ist also irritiert, und er kann mit diesem Umstande nicht umgehen, und er wird gar nicht die geistigen Helfer wahrnehmen können, weil nicht eine Resonanz gelebt wird, weil gar nicht ein Erblicken gelebt wird. Siehe, es gibt Menschen, die sehen Aura. Warum sehen sie Aura? Oder sie sehen Geistwesen, weil sie bereits in solcher geistigen Öffnung sind, daß sie sie wahrnehmen. Diese Aura, sie ist ja da, sie ist um einen Menschen, also sagen wir, sie ist um dich. Der eine nimmt sie wahr, der andere nimmt sie nicht wahr. Aber darum ist sie trotzdem um dich, und so ist es mit diesen geistigen Helfern, sie sind da und sie bieten ihre Hilfe an, aber diese Seele kann sie nicht wahrnehmen, kann ihre Hilfe nicht in Anspruch nehmen. Und dann kommt das, was ihr nennt: Diese Seele geht gebunden an die Erde oder lebt in dieser Grauzone, oder wie immer ihr es auch nennt.

Eine Seele, die geistige Öffnung lebt, die weiß um das Leben in der geistigen Welt, was wird mit ihr passieren? Sie wird die geistigen Helfer sehen, sie wird sagen: „Wunderbar, ich habe es geschafft." Sie geht mit, aber... was wird ihr dann serviert? Es wird ihr ihr Lebensfilm serviert, ihre Lebensbilder, und nun erkennt diese Seele: „Das, was ich gemacht habe, das war aber nicht besonders klug. Hätte ich noch ein wenig mehr ausgehalten, durchgehalten, hätte ich mehr Vertrauen in Gott gelebt, hätte ich einen wunderbaren Zyklus abschließen können." Siehe, das, was ihr euch für ein Leben plant, stell es dir vor wie eine Blase. Gehst du früher, gehst du freiwillig früher in die geistige Welt zurück, ist deine Blase eine kleine, hast du wenig Themen erlöst. Hättest du noch ein wenig gewartet – häufig potenziert es sich ja, mit zunehmendem Lebensalter werdet ihr ja normalerweise auch weiser, gelassener, umsichtiger, gütiger, großmütiger, steht nicht mehr so in Aktion und damit in dem Widerstande, das heißt also, mit zunehmendem Alter könnt ihr eure Themen potenzieren, das, was ihr erlösen wollt. Dann wäre vielleicht deine Blase oder dein Ball um das Dreifache größer gewesen, wenn du dir nicht freiwillig das Leben genommen hättest. Und dann kommt ein tiefes Bedauern, es wird dir deutlich: „So, das ganze Thema jetzt noch einmal, und wieder kehre ich zurück zur Erde, und wieder wird nicht ein Erinnern sein, wieder werde ich mich durch diese dunkle Zeit hindurchquälen müssen, bis ich ein Maß an Erkennen und Verstehen der geistigen Gesetze lebe und damit überhaupt erst in die Arbeit gehen kann." Und glaube mir, eine solche Seele braucht gar nicht in eine Grauzone oder in ein Straflager oder wie immer ihr es euch vorstellen könnt, diese Seele **leidet**, sie geht im Selbstmitleid. Sie macht sich Vorwürfe, kann gar nicht Ruhe finden.

Seht, eine Seele, die ein Thema nicht so beendet hat, wie sie es sich vorgenommen hat, wie sie es sich ganz tief und innig wünscht, die von der Erde geht und ein Thema nicht erlöst hat, mit einem Menschen vielleicht in einem furchtbaren Konflikt gestanden hat oder daran Schuld ist, daß das Leben dieses Menschen qualvoll war – diese Seele, sie wird leiden, sie wird sich selbst quälen. Und jetzt überlege dir: eine geistig reife Seele, wo bereits ein sehr wacher und sehr hoher Geist gelebt wird, diese Seele ist unglücklich – egal wie viele liebenswerte Helfer um sie sind – sie ist unglücklich, sie geht im Selbstvorwurf. Und siehe: damit bestraft sie sich selbst, da muß nicht ein Jüngstes Gericht sein, da müssen nicht Engel sitzen, die sagen: „So, und jetzt wollen wir einmal Bilanz ziehen. Was hast du gemacht, was kannst du uns anbieten?" Diese Seele leidet, sie muß getröstet werden. Sie wird nicht verurteilt, sie wird getröstet. Dort, wo Liebe ist, da ist ein Aufatmen und Freiheit – ja.

Sind eure Fragen beantwortet? (*Ja, danke*)

Ich möchte es noch einmal sagen, weil es so schön ist: **Die Güte ist des Auges Licht!** Sagt es euch von Zeit zu Zeit, schließt dabei die Augen, und wenn ihr es euch dann sagt oder wenn ihr es denkt, wird ein ganz starker Lichtstrahl durch dieses euer Drittes Auge fließen zu eurem Herzen. Und dies bedeutet: euer Herze wird mit Mut, wird mit Kraft und mit Willen gefüllt, die Liebe zu leben, die unberührte Liebe, die, die sich nicht mehr verletzen läßt, die, die nicht mehr verletzbar ist. In den Anfängen, wenn ihr noch am Üben seid, werdet ihr merken, wie es ab und zu noch schwerfällt, in dieser Liebe stehenzubleiben. Ihr fallt zurück in die irdische Liebe. Aber… euer Bemühen, wieder das In-euch-Hineinfühlen: **die Güte ist des Auges Licht**, wird eure Seele in **die** Liebeskraft führen, die unberührt geht, die immer am Leuchten ist. Und selbst – und das ist das große Geheimnis – wenn ihr euch über einen anderen ärgert, wenn er euch verletzt und eure Emotionen sich dann wieder beruhigt haben, wenn ihr an ihn denkt, werdet ihr für ihn Liebe empfinden. Und dann werdet ihr euch fragen: „Was ist das für eine eigenartige Liebe, hat er mich nicht zurückgewiesen, hat er mich nicht mit Worten geschlagen oder mit der Hand?" Aber ihr werdet merken: „Egal, was er tat, ich liebe ihn." Und seht, das bedeutet nicht, daß ihr den Ausdruck dieses Menschen liebt, sondern ihr habt begonnen, seine Seele zu lieben, und bleibt darum von seinen Handlungen unberührt. Und das ist der Beginn der **göttlichen Liebe**.

Und wir, wir helfen euch mit all unsrer Liebe, in diesen Zustand zu kommen. Wir helfen euch mit all unsrer Liebe, in dem wir sie euch in eure Herzen legen, indem wir euch in dem guten Willen halten und in der Kraft der Handlung.

Mein Friede, er geht an eurer Seite.
EMANUEL

Der sechste Schlüssel zur Freiheit

Die Gerechtigkeit

Weihnachten 1995

*Und ein leises Rauschen war zu hören wie der Flügelschlag eines großen Vogels – sanft; und ein Duft von Lilien breitete sich aus, und Licht ward es im Raume. Und als Maria den Blick hob, erkannte sie eine lichte Gestalt. Und diese lichte Gestalt trug in ihren Händen die Blume der Reinheit. Sie trug in ihren Händen eine Lilie, und sie reichte sie Maria dar, legte sie ihr in den Schoß und sprach: „Du, die du gehst in der Reinheit deines Herzens, du, die du gehst in der Demut deines Herzens, du wirst einen Friedensfürst gebären, und er wird bekannt sein unter dem Namen, **Messias, der Gesalbte**. Und Maria blickte den Engel an und sagte: „Warum ich? Gehe ich doch in der Bescheidenheit, gehe ich doch in der Einfachheit", und er sagte: „Weil es der Wille Gottes ist, weil du die Reinheit deines Herzens dir erhalten hast. Du wirst diesen Sohn gebären, der, der geht durch diese Welt in Bescheidenheit, nicht erkannt in seiner Größe, nicht erkannt als Fürst, als König, sondern **verkannt**. Und erst die späteren Zeiten werden seine Botschaft verstehen und werden bemüht sein, sie zu leben. Aber du, du wirst die „Große Mutter" genannt werden." Und der Engel verabschiedete sich von ihr, und sie blickte auf ihre Blume, ihre Lilie, und sie ging berührt. Und als ihr Mann nach Hause kam, sah er sie in dieser Ruhe sitzend, und nicht blickte sie auf, denn sie ging noch wie in einem Zauber. Und er sprach sie an und sagte: „Was ist geschehen?" Und Maria sagte: „Ein*

Bote der Liebe ist gekommen und hat mir die Blume in den Schoß gelegt und hat gesagt: „Du wirst einen Friedensfürst gebären." Und als er diese Worte sprach, fühlte ich zum erstenmal das Kind in meinem Leibe, es hüpfte, und es begrüßte mich durch seine Berührung." Und Joseph sagte zu ihr: „Wenn der Bote der Liebe zu dir kommt, um den Willen Gottes zu verkünden, so wollen wir diesem Kinde freudig entgegensehen. Wir wollen es begleiten durch seine Kindheit, wir wollen es achten und ehren, damit wir Gott Ehre antun durch dieses Kind."

Und es kam die Zeit der Niederkunft, und Maria sagte: „Unser Kind, es will geboren werden." Und Joseph nahm ihre Hand, und freudig erwarteten sie das Kind. Und als es das Licht der Welt erblickte, war es nicht das Weinen eines Neugeborenen, was zu hören war, sondern das Lachen, das Lachen eines Neugeborenen, das es zuvor nicht gab in der Geschichte und nicht danach. Und als Maria ihr Kind im Arme hielt, war Musik in dem Himmel. Und diese Musik, sie fiel hernieder zur Erde, jeder Ton wie eine Schneeflocke in dem Winter. Und ganz verzaubert wurde die Luft von diesem zarten, von diesem süßen Klang. Und die Menschen, die in ihrem Bette lagen und schliefen, sie erwachten und waren wie gebannt. Nicht bewegen konnten sie sich, ein Lähmungszustand war über sie gefallen. Und die, die noch gingen in der Wachheit, auch sie hielten inne, horchten, konnten nur fühlen. Aber die Gedanken, sie waren nicht in Bewegung, sie schwiegen. Und als die süße Musik verstummte, gingen sie aus ihrer Lähmung heraus, besprachen sich: „Was ist geschehen, seit wann wird die Nacht zum Tage? Seit wann ist ein so großes Licht am Himmel, daß ein Durchschauen und ein Durchblicken ist?" Und sie gingen zu dem Hause, über dem das Licht stand, und sie öffneten die Türe des Hauses, und sie erblickten eine Mutter, einen Vater, und in ihren Armen ein neugeborenes Kind. Stille war, die Stille, in der Berührung stattfindet, wo plötzlich all das, was über lange Zeiten das Herze berührt hat, das Herze in den Bann geschlagen hat, abfällt. Und der, der in diesem Jahre seinen Mann verloren hatte oder seine Frau oder ein Kind, lebte nicht mehr die Trauer, konnte ein Lächeln auf seine Lippen legen. Sanftheit und Ruhe kehrten ein und eine Stille und eine Heiterkeit. Und der, der ging im Zorne mit seinem Nachbarn, im Streite mit seinem Bruder, er fühlte plötzlich eine Berührung in sich, eine Trauer, das Bedürfnis, um Verzeihung zu bitten, um Entschuldigung zu bitten. Und der, der ging in der Lüge, in dem Betrügen, er wußte, daß er den Weg der Umkehr gehen möchte, daß er nicht mehr sich halten konnte in dieser eigenen Gefangenheit, sondern die Freiheit des Auf- und Durchatmens leben wollte. Jeder, der vor dieser Türe stand und die Bedrückung seines Lebens in sich trug, fühlte, wie sie abfiel und der Friede Einkehr hielt.

Sie standen stumm, und in dieser Stille war das Wort der Liebe, sprach Gott zu ihnen. Nicht durch Worte… nein, durch Erkennen, durch Verstehen, und schenkte diesen Menschen durch dieses Verstehen und durch dieses Erkennen einen Neubeginn. Und sie gingen nach Hause nachdenklich, in sich gekehrt, doch voller Freude. Und eine Lerche, sie konnte nicht den Morgen abwarten, sie konnte nicht den Tag abwarten, sie schwang sich in die Luft, und sie sang ihr Lied der Freude.

Gott zum Gruße, meine geliebten Kinder, die Liebe, der Frieden und der Segen des Höchsten durchflute eure Herzen und stelle euch in die Freude, stelle euch in den Frieden, stelle euch in das Erkennen des **göttlichen Willens**, damit ihr hinter euch lassen könnt, damit ihr vergessen könnt, denn ein neues Leben hat begonnen, eine Zukunft hat begonnen, und diese Zukunft soll eure Freiheit sein. Ihr sollt sie Freiheit nennen.

Wir wollen unsere heutige Begegnung stellen unter das Thema **Gerechtigkeit**. Seht, der Friedensfürst, er kam zur Welt, damit die Menschen in Gerechtigkeit finden. Aber wo ist die Gerechtigkeit, was ist Gerechtigkeit?

Seht, die Zeit, sie ist gerecht. Sie gibt dem einen nicht eine Stunde mehr und dem andern eine Stunde weniger. Der Heitere, der Fröhliche, der Verliebte oder der Geliebte, er hat das Empfinden, daß die Stunden eilen, daß die Stunden entfliehen. Und der, der die Trauer lebt, die Einsamkeit, bei ihm bleiben die Stunden sitzen, wollen nicht Abschied leben, wollen nicht in einen Neubeginn führen.

Ihr könnt an diesem Beispiel erkennen: Gerechtigkeit ist ein individuelles Empfinden wie das Beispiel, das ich schon wiederholt sagte: Eine Familie, sie setzt sich zu Tische. Das Essen wird aufgetragen. Jeder ißt sich satt, jeder ißt unterschiedliche Mengen. Ist das Gerechtigkeit? Ja, das ist Gerechtigkeit. Jeder ist satt, jeder ist zufrieden. Aber jetzt überlegt: das kann nur geschehen, wenn jeder das aufgetragen bekommt, was er essen möchte, das bedeutet also, wenn nicht eine Zuteilung der verschiedenen Speisen stattfindet. Satt und doch nicht zufrieden, satt und plötzlich sich doch nicht gerecht behandelt fühlend.

Ich will euch damit verdeutlichen, wie schwer es für Menschen ist, Gerechtigkeit zu leben. Es ist gar nicht möglich, weil **ihr** unterschiedliche Wünsche, unterschiedliches Wollen lebt, weil ihr unterschiedliche Wahrheiten und unterschiedliches Erkennen lebt.

Wie ist nun Gerechtigkeit auf der Welt zu leben, damit Friede sein kann? Gerechtigkeit kann nur Einkehr halten, wenn ihr Abschied nehmt von dem Bilde: Täter – Opfer. Denn immer fühlt ihr euch ungerecht behandelt, wenn ihr in der Opferrolle steht, wenn ihr das Empfinden habt, daß ihr benachteiligt wurdet oder nicht genügend beachtet wurdet, egal, wie ihr es formulieren wollt. Das Opfer fühlt sich nicht in seiner Zufriedenheit, geht unausgewogen mit sich, entweder weil es glaubt, sich dem anderen opfern zu müssen, oder weil der andere es nicht beachtet, an dem Opfer vorbeigeht, also Nichtachtung lebt, wo ihr jedoch gerne in der Beachtung stehen würdet.

Wie ist es nun mit dem Täter? Will er euch wahrhaft in einen Nachteil führen, will euch wahrhaft benutzen, ausnutzen, gebrauchen? Zwei Möglichkeiten gibt es: Es gibt den bewußten Täter, der also bewußt in das Ausnutzen führen will, der seine Vorteile ziehen will. Viel häufiger gibt es jedoch den unbewußten Täter, den also, der sich zum Ausdrucke bringt mit seinem Verstehen, mit seiner Vorstellung, mit seinen Wahrheiten, und der von dem anderen wird mißverstanden. sodaß der andere benutzt sich fühlt. Ich will damit euch vorzeigen, daß nur dort, wo ihr aus der Rolle des Opfers oder des Täters heraustretet, Gerechtigkeit beginnen kann.

Wieso das? Das Opfer lebt die Aufgabe, sich zu betrachten, sich zu hinterfragen: „Gehe ich in dem freiwilligen Händereichen, gehe ich in der Bereitschaft des Herzens, dem anderen meine Gabe, mein Andienen zu leben, oder gehe ich unter Zwang?" Sobald das Opfer feststellt: „Es ist mir ein Bedürfnis, ich möchte mich gerne auf diese Weise zum Ausdrucke bringen, ich möchte gerne dem andern diese Hilfe geben", so wird er unter dieser Hilfe nicht leiden, wird sich nicht gebraucht fühlen, wird sich nicht benutzt fühlen. Wenn er jedoch in sich fühlt: „Ich möchte nicht, aber wie kann ich es vortragen, wie kann ich mich verweigern?" Wenn er also nicht den Mut lebt zu sprechen, dann wird er in der Unzufriedenheit des Herzens gehen, wird sich ausgebeutet fühlen. Ihr kennt alle diese Situation.

Es ist also wichtig: ist der Täter ein unbewußter Täter, der also nicht bewußt seine Vorteile von dem anderen ziehen will, dann ist das ein leichter Weg, wenn das Opfer mit dem Täter in die Zwiesprache geht und sagt: „Ich fühle mich von dir nicht genügend beachtet, ich fühle mich von dir benutzt. Ich möchte dich bitten, mit mir mehr Sorgfalt zu leben." Das bedeutet, der, der sich als Täter darstellt, hat die Möglichkeit, zu überdenken, zu besprechen und damit seine Muster zu verändern.

Und dort, wo der bewußte Täter ist: „Ist es nicht die Herausforderung für den, der sich als Opfer sieht, zu wachsen an diesem Widerstande, sich zu stählen, zu sagen: „Ich habe in diesem meinem Leben eine Aufgabe übernommen, und diese Aufgabe ist, mich in mein Selbsterkennen zu führen, mich in meine Eigenständigkeit, in meine Freiheit zu führen, in meine **Eigenverantwortung**." Und das ist das Schlüsselwort.

Überall dort, wo ihr eure Eigenverantwortung kennt, ist das Rollenspiel „Opfer und Täter" beendet, beginnt ihr nicht mehr, Schuldzuweisung zu leben, sondern zu sagen: „Ich habe daran meinen Teil. Ich habe geschwiegen, ich habe zugelassen oder gefördert", egal, wie auch immer die Muster gewesen sind.

Eure Aufgabe in diesem eurem Leben ist, die Eigenverantwortung zu erkennen, immer wieder auf euch zurückzublicken, euch zu hinterfragen, wenn ihr gekränkt geht, wenn ihr euch in Trauer fühlt, in Bedrückung, in Unzufriedenheit, nicht genügend geachtet oder mißachtet, euch zu hinterfragen: „Wo ist mein Teil, daß diese Situation entstehen konnte, und was kann ich tun, um diese Situation zu verändern?"

Und wenn die Menschen beginnen, in die Selbstverantwortung zu gehen, dann wird nicht mehr der eine nach dem anderen blicken und wird sagen. „Wieso hat er mehr? Das Schicksal hat es nicht gut mit mir gemeint. Ich bin durch Lebensprüfungen gegangen, und in meine Hände wurde nichts gelegt, sondern was in ihnen war, es wurde noch aus ihnen genommen." Nein, wenn ihr beginnt, die Eigenverantwortlichkeit zu leben, werdet ihr euch freuen über die Fülle des anderen. Sie wird nicht Neid hervorrufen, sondern in Animation führen, in das Sich-Betrachten: „Wo gehe ich den falschen Weg, daß meine Hände leer sind, leer geblieben sind?"

Solange in der kleinen Gemeinschaft das Vergleichen ist: „Du hast ja auch diesen Vorzug, du lebst ja auch diese Eigenschaft, ich habe sie leider nicht. Du hast diese Möglichkeit geboten bekommen von deinem Elternhause, ich nicht", solange geht ihr im Leid. Erst wenn die Menschen beginnen zu sagen: „Ich bekam es nicht geboten, aber was ist meiner Hände Fülle? Wo lebe ich Stärke? Wo kann ich mich über meine Gaben, meine Anlagen freuen, sie fördern, mich mit ihnen wahrhaft identifizieren, nicht schmücken, sie nicht hervorstellen, sondern sie lieben, mit ihnen wahrhaft leben?" Erst dann wird die Zufriedenheit in das Herze einkehren. In der kleinen Gemeinschaft wird nicht ein Vergleichen, ein Neiden und ein Reiben sein und nicht mehr zwischen den Völkern. Blicken nicht die armen Völker nach den reichen Völkern und halten ihre Hände auf und bitten um Liebesgaben? Also… auch hier wird Beneiden gelebt, auch hier wird die Erwartungshaltung gelebt, auch hier stellen sie sich in die Opferrolle und warten auf den Täter und denken und sagen: „Du Täter tue etwas, fülle mir meine Hände!" Das Opfer, es steht immer vor dem Täter in einer Erwartungshaltung, in den seltensten Fällen jedoch in der Erwartungshaltung, daß der Täter etwas für sich tut. Und das bedeutet: Die Herausforderung des Täters ist, selbst mit sich die Begegnung zu leben, seine Muster verstehen zu lernen, warum der andere unter ihm leidet oder in einer Erwartungshaltung steht mit den geöffneten, mit den leeren Händen, sich zu fragen: „Was soll ich tun, damit der andere aus dieser Rolle des Opfers heraustritt, damit er in seine Mündigkeit findet?" Also… nicht nur Schuldzuweisung an den anderen leben, nein, sich selbst betrachten, um sich zu verändern.

Und genau die gleiche Aufgabe ist von dem bewußten Täter gefordert: sich zu betrachten, sich zu fragen: „Was soll ich tun, damit das selbstverständliche Miteinander ist? Was soll ich erkennen?" Denn häufig geht der bewußte Täter in einer großen Erwartungshaltung – bewußt, unbewußt –, daß er also seinen Vorteil ziehen will, daß er für sich gewinnen will, um Zufriedenheit zu leben. Dieser Täter geht in einer großen Einsamkeit des Herzens, geht in einer großen Hilflosigkeit, benötigt die Nähe des Opfers, benötigt Menschen um sich, weil er Angst hat, die Begegnung mit sich zu leben, weil er Angst hat vor der Berührung mit sich selbst, und wird nun ein bewußter Täter, der den anderen klammert, bindet, der ihn benutzt, bedroht, egal, in welchen Formen ihr es sehen wollt, welche Bilder ihr zeichnen wollt. Und dieser Täter, vor ihm steht die Herausforderung: „Tue etwas, gehe in die Tat, in die Handlung, nämlich betrachte dich! Höre auf zu benutzen, höre auf zu messen, höre auf zu vergleichen, beginne die Eigenverantwortung zu erkennen!"

Und das ist das Thema: die Eigenverantwortung, das Erkennen: „Ich bin nicht Opfer allein, ich bin nicht Täter allein, ich gehe in dem Wechselspiele des Opfers und des Täters, um nun bewußt herauszutreten aus diesen beiden Rollen in die Eigenverantwortung." Denn nur dort findet Wachstum statt. Nur wer diese Eigenverantwortung erkannt hat, beginnt sich in den Griff zu nehmen, beginnt sein eigener Herr zu werden. Das muß nicht verbunden sein mit Trennungen, nicht mit Abschieden... nein – er nimmt Abschied von seinem Rollenspiel und wird endlich er selbst, hat die Möglichkeit, über diese Eigenverantwortung in die Selbstannahme zu finden.

Denn seht: nur dort, wo ihr erkennt, daß ihr Bestimmer dieser Rollen seid, in welchem Rollenspiel ihr geht, zu welcher Seite ihr die größere Neigung lebt, wenn ihr diese Bilder euch betrachtet, dieses Rollenspiel erkennt und versteht, werdet ihr sehen, wie kindisch es ist, wie unsinnig es ist, welch eine verschwendete, welch eine vergeudete Zeit, die sinnvoll eingesetzt hätte werden können, wenn ihr mit euch in der Ehrlichkeit und der Aufrichtigkeit gegangen wäret. Ein Mensch, der die Kraft hat, diese Selbsterkenntnis zu leben und damit die Selbstverantwortung, er wird ein Herr sein, er wird unter den Menschen gehen in der Unberührtheit des Herzens, wird nicht mehr von ihnen benutzt werden können ,weil er nicht mehr Resonanz lebt diesem Rollenspiel. Er ist nicht mehr Opfer, er ist nicht mehr Täter, er hat keinen Gegenpol mehr, und darum lebt er die Freiheit. Also… Gerechtigkeit kann auf dieser eurer Welt einkehren, Gerechtigkeit kann nur gelebt werden, wenn die Erwartungshaltung an den anderen ein Ende nimmt.

Nun geht ihr in Lebensgemeinschaften, und selbstverständlich werden dort Erwartungshaltungen gelebt. Ihr möchtet euch auf euren Partner verlassen können, ihr möchtet ihm vertrauen können. Ihr wißt selbst, welche Erwartungshaltungen ihr an euren Partner lebt. Das hat nichts zu tun mit diesem Rollenspiel „Opfer-Täter"… nein, das sind die Rahmenbedingungen einer Lebensgemeinschaft, die eine Lebensgemeinschaft ermöglichen, das Sich-verlassen-Können, das Wissen: der andere, er steht zu seinem Worte.

Aber… überall dort, wo ihr erkennt:„Ich möchte abgeben, weil mir lästig ist. Ich schäme micht, daß ich dieses oder jenes getan habe und statt mich zu entschuldigen, mache ich den anderen zum Opfer, lebe ihm die Vorwürfe: Du bist daran Schuld." Seht, da beginnt wieder dieses Spiel.

Also… selbstverständlich wird in einer Lebensgemeinschaft Erwartungshaltung gelebt, muß und soll gelebt werden, aber ausschließlich in der Form, daß diese Lebensgemeinschaft einen Schutz erfährt. Und sobald ihr herausgeht aus diesem Rahmen, aus diesen selbstverständlichen Grundsätzen – betrachtet euch genau, prüft euer Herz, ihr steht in einer solchen Herzensweite, und ihr steht in einer solchen großen Moral und einem so reifen Gewissen und einer so hohen Ethik – prüft immer: „Versuche ich abzulenken von mir und gebrauche ich damit den anderen, oder lebe ich wahrhaft ein Bedürfnis der Hilfe, gehe ich in der Bitte, möchte ich für eine Zeit bedient werden, begleitet werden, also in die Hilflosigkeit gehen?"

Ist der Hilflose, der hier sagt: „Ich bedarf deiner Hilfe?", ist er das Opfer oder ist er der Täter? Seht, wenn aus dem tiefsten Herzen, aus einer Not heraus um Hilfe gebeten wird, ist er weder ein Täter noch ist er ein Opfer. Und der, der die Bereitschaft lebt, den anderen zu begleiten, obwohl es vielleicht seinem Herzen gar nicht Freude macht, es von seiner Zeit abgeht, von seiner Behaglichkeit oder von seinem Gelde, egal, was es ist, was ist er? Ist er Opfer oder ist er Täter? Nein… er ist in den Handlungen der Nächstenliebe gegangen. Er hat soziales Verhalten gelebt, indem er zeigte: „Ich kann mich für eine Weile zurücknehmen und kann von mir abgeben und verliere mich nicht dabei, vermisse nichts dabei." Und ein Mensch, der diese Kraft hat und seine Hilfe auf diese Weise gibt, wird erkennen, daß in ihm eine Freude ist, eine Genugtuung und eine Heiterkeit. Vielleicht kann er nicht formulieren, warum. Der Grund dafür ist, weil er in der göttlichen Liebe stand, weil er die Kraft hatte, göttliche Liebe zu leben, die Handlungen der allumfassenden Liebe, nämlich sich zu vergessen für eine Weile, damit ein anderer leben kann oder wieder leben kann.

Also… wichtig bei diesem Thema: Laßt nie Starre sein, bleibt immer in der Flexibilität, wenn ihr prüft: „Wenn ich nun dem anderen diese Hilfe gebe, diesen Gefallen, gebe ich dann von mir zuviel ab, werde ich zum Opfer, oder bin ich ein Liebender? Gebe ich aus dem Herzensbedürfnis heraus?"

Seht: wann oder wie lange werdet ihr euch als Opfer fühlen in diesem Leben? Ich sagte, solange ihr nicht die Eigenverantwortung für euch erkennt. Es kommt noch etwas weiteres hinzu. Ihr werdet herausgehen aus dieser Rolle, wenn ihr in der allumfassenden Liebe steht, denn dann seid ihr beständig Gebende, ständig fließen eure Hände über in die leeren Hände des anderen. Und ich sagte, sie fließen über, weil ihr in gefüllten Händen steht, die sich ständig nachfüllen. Denn der, der in der allumfassenden Liebe geht, hat abgelegt die Emotionen, das Für-sich-Wollen, das Für-sich-Begehren, hat abgelegt das Ego. Und das bedeutet: überall dort, wo ihr für euch ein Wünschen, ein Wollen, ein Begehren lebt, kann noch der Gegenpol sein: die Enttäuschung, die Verweigerung, das Nichterfülltwerden. Dort, wo die allumfassende Liebe das Herze durchtränkt, wollt ihr auch, aber… das, was ihr wollt, ist Liebe leben. Und dies heißt, nie mehr von einem Menschen gebraucht oder verbraucht werden. Denn wo der allumfassende Liebesstrom euch durchdringt und euch durchläuft, seid ihr unverbrauchbar, steht ihr immer in eurem ewigen Lächeln.

Die Gerechtigkeit auf dieser Welt, gab es je die Gerechtigkeit auf dieser eurer Welt? Nein, es gab Zeiten, wo die Menschen ein anderes Bewußtsein lebten und darum ein wenig zufriedener waren, aber… nie gab es eine Zeit, wo die Menschen glaubten, die Gerechtigkeit hat diese Erde berührt und hat sie verwandelt.

Und seht, nun wollen wir den Boden spannen zu den Worten der Begrüßung, zu der Weihnachtsgeschichte, zu dem Friedensfürst, denn genau das ist seine Lehre gewesen. Friede kann nur in die Herzen einkehren, wenn ihr der Gerechtigkeit nicht mehr Bedeutung lebt, weil ihr gerecht geworden seid, weil ihr in der Eigenverantwortung steht und damit in eure Zufriedenheit und in euren Frieden gefunden habt. Das ist der Extrakt der christlichen Lehre. Das ist der Extrakt der Botschaft der Liebe, der Botschaft Jesu. Denn dort, wo ihr im Vergleichen und im Messen geht, wo ihr sagt: „Hier ist viel, und da ist wenig", und das „viel" euch berührt und das „wenig" euch berührt, so lange kann nicht der Friede Einkehr halten, kann die Zufriedenheit nicht gelebt werden.

Die Gerechtigkeit – eine große Herausforderung! Und seht, wie schön, das Erkennen zu leben, nicht Staatsmänner können euch die Gerechtigkeit in euer Land bringen, nicht die Glaubensgemeinschaften können die Gerechtigkeit für euch erfechten, nein… die Gerechtigkeit muß jeder einzelne erarbeiten, für sich erarbeiten, und nur so wird er zum Lächeln finden und sich freuen an der Fülle in den Händen seiner Nächsten. Das Sich-Mitfreuen: der Abschied von Neid, von Messen, von Vergleichen, von Beobachten. Nur noch das Sich-Beobachten: „Wo gefalle ich mir in der Rolle des Opfers?" Und jeder, der in der Rolle des Opfers sich fühlt, wird versuchen, einen andern zum Opfer zu machen, wird versuchen, sich für sein Leid bei einem andern zu entschädigen, seine Vorteile zu ziehen. Also… immer wieder das Zu-sich-Gehen, das Zu-sich-Finden, das Hinterfragen: „Wo lebe ich in Schuldzuweisungen, mir selbst und den anderen? Wo lebe ich in mir ein Abgeben-Wollen meiner Verantwortung, meiner Eigenverantwortung?"

Und geht ihr mutig hier voran, seid ihr die Vorbilder! Verdeutlicht ihr, welch ein dummes Spiel da gespielt wird! Macht ihr es den Menschen bewußt, damit sie in das Nachdenken finden, in die Bereitschaft des Nachahmens, um in ihre Freiheit, in ihre Eigenverantwortung zu finden – ja!

Und wir, wir helfen euch dabei mit all unsrer Liebe, wir legen sie euch in eure Herzen. Wir legen euch in eure Herzen den Mut des Kämpfers und das Lächeln des Siegers. Denn nur über die Selbstüberwindung werdet ihr den Sieg feiern können. Geht ihr in die Tage des Lichtes, lebt ihr mit dem Friedensfürst den Geburtstag, wollt ihr seine Botschaft ganz verinnerlichen und wollt ihr das Instrument seines Friedens sein!

Mein Friede, er geht an eurer Seite.
EMANUEL

Der siebte Schlüssel zur Freiheit

Die Selbstannahme

Euer Mund soll lachen und singen! Denn wer kann sagen: „Ich habe den Herrn von Angesicht zu Angesicht gesehen. Meine Augen lagen in Seinen Augen, und mein Ohr vernahm Seine Stimme"?

Gott zum Gruße, meine geliebten Kinder, die Liebe, der Friede und der Segen des Höchsten durchflute eure Herzen und stelle sie in die Kraft, das Selbsterkennen zu leben, damit ihr in die **Selbstannahme** gehen könnt. Seht, meine Worte der Begrüßung: Euer Mund soll lachen und singen! Denn wer kann sagen: „Ich habe den Herrn von Angesicht zu Angesicht gesehen. Meine Augen lagen in Seinen Augen, und mein Ohr vernahm Seine Stimme"? Ihr fragt: „Wo höre ich sie? Wo liegen meine Augen in Seinen Augen?" Seht, ich sagte: „Die Liebe, der Friede und der Segen des Höchsten durchflute eure Herzen und stelle sie in die Kraft des Selbsterkennens, damit Selbstannahme gelebt werden kann."

Was bedeutet denn, das Selbsterkennen zu leben? Ihr könnt nur Selbstannahme leben, wenn ihr euch erkannt habt, wenn ihr wißt, wer ihr seid. Das bedeutet also nun für euch die Frage: „Wer bin ich? **Wer** bin ich?" Ihr sagt: „Ich habe einen Namen, auf ihn wurde ich getauft, und meine Eltern, sie trugen diesen Namen, oder sie tragen diesen Namen. Und geboren bin ich dort. Und ich bin diesen Lebensweg gegangen, und das bin ich." Seid ihr das wahrhaft? Ist das euer Wesenskern? Es ist das, was ihr auf dieser eurer Erde in dem heutigen Leben angenommen habt, die Rolle, die ihr in dem heutigen Leben spielen wollt, leben wollt. Wer seid ihr? Immer wieder das Sich-Fragen: „Wer bin ich?" Und wenn ihr den Weg der allumfassenden Liebe geht, wenn ihr den Weg zu Gott geht, dann werdet ihr zu dem Erkennen kommen: **„Ich bin der Ausdruck Gottes. Gott ist in mir. Mein Wesenskern ist Gott, ist göttlich."**

Seht, das bedeutet für den, der den Weg der Wahrheitssuche geht, zu erkennen, wer er ist. Dabei zählt nicht der Name, dabei zählt nicht der Beruf, dabei zählen nicht die wirtschaftlichen Umstände, der Ort der Geburt und der Name der Eltern… nein. Die Frage: „Wer bin ich?" kann nur zu der Antwort führen: „Göttlich, mein Wesenskern ist göttlich." Das bedeutet, Selbsterkennen zu leben.

Aber seht: wie führt ihr, wie gestaltet ihr dieses euer Leben? Ihr sagt: „Ich will Selbsterkenntnis leben, um in die Selbstannahme zu finden." Doch wie sieht diese Art der Selbsterkenntnis aus? Ihr seid vielleicht von eurem Wesen her ein ängstlicher Mensch, und nun fragt ihr: „**Warum** bin ich eigentlich ein ängstlicher Mensch? Warum gehe ich nicht den mutigen Schritt? Warum scheue ich vor manchen Menschen zurück und auf andere kann ich leichter zugehen, lebe ich nicht diese Befangenheit, diese Ängstlichkeit?" Da werdet ihr sagen: „Nun ja, der eine spiegelt mir etwas, was ich irgendwann erfahren habe und wovor ich mich scheue, und der andere spiegelt es mir nicht". Ja, selbstverständlich. Nun fragt ihr weiter: „Wer ist denn die Ursache dieser meiner Angst"? Und vielleicht könnt ihr dann über eine Analyse erfahren: „Es ist meine Mutter gewesen. Meine Mutter war eine sehr strenge Frau. Und immer, wenn ich etwas wollte, sagte sie nein und drohte. Ich hatte Angst vor ihr. Und immer wenn ich einer Frau begegne mit einem strengen Blick und harten Worten, werde ich an sie erinnert, an diese meine Mutter, gar nicht bewußt, das macht wieder das Unterbewußtsein, und ich habe Angst." Jetzt habt ihr eine Information, eine Information aus der Vergangenheit, die euren jetzigen Seinszustand zeigt, aufzeigt.

Der andere sagt: „Warum haben mich meine Eltern nicht studieren lassen?" Jetzt könnt ihr zu dem Ergebnis kommen: Sie hatten gar nicht die Idee, weil sie selbst nicht in einem Studium gingen oder... weil sie zu sehr mit sich beschäftigt waren, und ich war nur eine Randfigur.

Jetzt habt ihr wieder eine Information, eine Information aus der Vergangenheit. So sammelt ihr Informationen und glaubt nun, das Selbsterkennen zu leben. Ihr fragt: „Warum?" Bedeutet jedoch nicht, „warum" zu fragen, immer nur Informationen zu erhalten aus Zeiten, die hinter euch liegen? „Warum" zu fragen gibt euch eine Information, aber... jetzt könnt ihr sagen: – laßt uns noch einmal diese Eltern aufgreifen – warum haben sie mich nicht studieren lassen? Ich wollte doch so gerne studieren. Ihr habt die Information bekommen: sie haben es selbst nicht getan und deshalb sahen sie nicht eine Notwendigkeit. Jetzt könnt ihr weiter fragen: „Warum haben sie nicht studiert?" Ich will also damit andeuten: Mit diesem „warum" könnt ihr ins Uferlose gehen.

Ihr habt Angst vor einem Menschen, ihr sagt: „Warum habe ich Angst?" Ihr werdet mit einem Menschen zusammengeführt, es ist eine magnetische Anziehung, ihr fragt: „Warum gerade der?" Ihr steht ihm zum erstenmal gegenüber, also... in dem heutigen Leben habt ihr noch nicht Begegnung gelebt. Dann sagt ihr, vermutet: „Es wird ein karmisches Thema sein, es wird aus einem vergangenen Leben sein." Ihr habt eine Information, aber was wollt ihr mit ihr beginnen? Ist sie wahrhaft informativ?

Ich will euch verdeutlichen: das Warum-Fragen informiert euch ausschließlich, gibt euch ein Erkennen, ein Verstehen, warum ihr in diesen Verhaltensmustern geht und nicht in jenen, warum ihr ängstlich oder mutig seid, warum ihr traurig oder fröhlich seid, warum ihr das Leben anpackt oder warum ihr euch zurücknehmt von dem Leben. Aber… diese Information, was wollt ihr mit ihr? Wollt ihr euch damit begnügen herauszufinden, warum ihr so seid und nicht anders? Es ist wichtig, immer zu fragen: Was ist mein Ziel. Welches Ziel habe ich mir in diesem Leben gesteckt? Das Ziel im Auge behaltend und auf es zugehend – fortwährend, immerzu, beständig ohne Ablenkung. Und wenn ihr beginnt, das Ziel benennen zu können, da werdet ihr nicht fragen: „Warum haben meine Eltern mir nicht dieses oder jenes geboten, und warum hatte ich soviel Pech in meinem Leben, und warum ist mein Partner nicht liebenswert?" Es interessiert nicht. Ihr werdet sagen: Wie gelange ich zu meinem Ziele, das ich mir gesteckt habe?

„Warum" bedeutet, auf der Stelle zu treten. „Warum" bedeutet im Grunde eine ganz billige Abfertigung. Das Fragen: Wie komme ich dahin, wohin ich will? wird euch zum Ziele führen. Das Wie ist ein aktiver Zustand, das Warum ist ein passiver Zustand.

Und jetzt erkläre ich es euch so: Das Warum kommt vom Kopfe, kommt vom Denken, kommt vom Geist. Der Geist will analysieren, der Geist will verstehen, der Geist fragt: Warum? Doch das Herze fragt: Wie? Das Herze, der Sitz der Liebe, der Ort der Liebe, dort, wo der göttliche Funke sitzt, der Keim, euer Wesenskern, das Herze fragt: Wie gelange ich dorthin, wohin ich möchte, in meine Ruhe, in meine Geborgenheit, in meine Sanftmut, in meine Stille, in meine Zufriedenheit?

Seht, und nun beginnt das Herze das Sehnen zu leben: Wie komme ich dahin? Wie komme ich zu diesem meinem Wesenskern, zu diesem meinem Göttlichen? Immer geht voraus die Selbsterkenntnis: Wer bin ich, was will ich, wie komme ich zu diesem Ziele? Und wenn ihr hier Klarheit in euch gefunden habt, wird die Selbstannahme ganz selbstverständlich sein.

Ihr geht in euch zerrissen. Ihr geht häufig in euch unentschieden, unsicher, zweifelnd: Ist dieser Weg klüger als jener Weg?

Wie komme ich aus dieser Situation heraus? Seht, es sind alles Gedanken, es sind alles Gedanken, mit denen ihr euch den Tag vertreibt. Es sind alles Gedanken, die euch fesseln und die mit euch Karussell fahren, immer im Kreise. Und wenn ihr nicht die Kraft lebt, diese Gedanken zu unterbrechen, wird dieses Kreisen immer schneller, wird so schnell, daß es eure Nerven belastet und ihr in Panikzustände geratet. Die Nerven gehen Gefahr durchzubrennen, weil die Gedanken die Herrschaft übernommen haben. Weil nicht mehr ihr, der Wesenskern, euer Wesenskern, lebt, sondern die Gedanken. Der Geist formuliert die Gedanken, und nun bekommen sie euch in den Griff.

Wahrer Glaube, wahres Wissen um seine Gotteskindschaft, es bedeutet, Vertrauen zu leben, nicht das Bemühen, Vertrauen zu leben. Der Geist kann sich bemühen, Vertrauen zu leben. Die Gedanken können sich bemühen, Vertrauen zu leben. Aber ist dies wahrhaft Vertrauen? Nein, es ist ein Wollen und ein Wünschen. Wahrer Glaube und wahres Vertrauen ist ein Wissen ohne Beweise und kann nur vom Herzen gelebt werden, von eurem Wesenskerne. Denn der wahre Glaube, das wahre Vertrauen, dieses Wissen lebt die Berührung mit Gott. Dieser euer Wesenskern ist permanent mit Gott, mit der göttlichen Liebe verbunden. Ihr könnt euch bemühen zu glauben, aber es bedeutet im Grunde ein Euch-Betrügen. Ein Bemühen zu glauben ist ein wunderbarer Anfang, ist ein wunderbarer Beginn. Denn in dem Moment, wo ihr ein Bemühen lebt, kann ein Lohn sein, kann ein Zurückfließen zu euch sein. Trotz allem müßt ihr euch immer verdeutlichen, wenn ihr sagt: „Ich glaube, ich vertraue", daß es ein Wunsch ist, ein Wünschen, ein Wunschgedanke, weil ihr ein Ziel vor euch sehen möchtet, weil ihr einen Weg beenden möchtet, weil ihr ein Ergebnis sehen wollt.

Aber ihr wißt, wie schnell euch dieser Glaube und dieses Vertrauen erschüttert werden kann. Habt ihr heitere Tage, so ist ein Glauben, ein Vertrauen leicht, doch kommen die engen Tage, die trüben Tage, wo ist da der Glaube und das Vertrauen? Werft ihr sie da nicht über eure Schultern und geht ihr nicht wieder in der Angst? Seid ihr nicht wieder diesen euren Emotionen ausgeliefert, diesem eurem Geiste mit seinen Gedanken, die er unendlich produziert? Wieviel Bilder bringen euch diese Gedanken? Bilder der Freude, Bilder der Angst, Bilder der Hoffnung, Bilder des Zweifels. Ihr könnt daran erkennen: Wenn nur der Geist glaubt, die Gedanken glauben, kann nicht Befriedigung, wahre Befriedigung gelebt werden, steht ihr immer in einem Spannungsfeld, in einer Abhängigkeit von eurer Stimmung.

Wahrer Glaube, wahres Vertrauen und damit der Glaube des Herzens und das Vertrauen des Herzens, es ist ein ganz sanfter Zustand. Es ist wie ein Kind, das im Arme der Mutter liegt, sich wiegen läßt und zufrieden vor sich hinblickt. Kein Grund zur Sorge. Es ist für alles gesorgt. In dem Arme der Mutter ist Wärme, ist Geborgenheit, Zufriedenheit und Schutz. Und so lebt das Herze den Glauben und das Vertrauen. Ein Wissen, ohne greifen zu können, ein Wissen, ohne beschreiben zu können, ein Vorausahnen, ohne einen Beweis zu haben. Und wer in dieser Kraft des Herzensglaubens steht, er beginnt seinen Wesenskern zu leben. Aus diesem Kern wird ein Keim, wird eine Pflanze, wird eine Knospe, wird eine Blüte. Und sobald dieser Wesenskern erblüht ist, steht ihr in der allumfassenden Liebe, steht ihr mit Gott Auge in Auge, können eure Augen Gott sehen und können eure Ohren Seine Stimme vernehmen. Seht, und dann lebt ihr die Selbstannahme, euch nicht mehr suchend: Wer bin ich? Warum bin ich so, und warum bin ich nicht so?

Erkennt ihr, was ich damit meine, dieses „warum"? Es ist euer jetziger Zustand, es ist euer Ausdruck, den ihr jetzt lebt, der fragt: Warum? Es bedeutet, ihr habt einen Stand erreicht, einen Standort erreicht, ihr fragt: Warum stehe ich hier? Es ist egal, warum ihr hier steht, wichtig ist, wohin ihr wollt. Das Warum ist ein Zurückblicken, um sich zu informieren, um ein Wissen anzusammeln. Aber ist das wahrhaft Selbsterkenntnis? Es ist ein Ansammeln von Daten, von Informationen, mehr nicht. Die Erkenntnis, die wahre Selbsterkenntnis ist das Verstehen von dem göttlichen Kern in euch, daß euer Wesenskern göttlich ist. Und ihn zum Blühen, zum Reifen zu bringen, in die Öffnung zu führen, das ist das Ziel, die Erkenntnis: Wer bin ich? Der Ausdruck Gottes, göttlich!

Und nun: Wie komme ich dahin? Seht, und nun habt ihr euch eingesammelt. Nun zählt nicht mehr, was war, warum es war, wieso, weshalb. Nein... alles Ballast, wie ein überfüllter Kleiderschrank! Nur ein Kleid könnt ihr tragen. Und zieht ihr zwei Kleider übereinander, lachen euch die Leute aus. Ihr geht nun in eurer Selbsterkenntnis, ihr wißt, wer ihr seid, ihr sprecht euch euer Ja. Die Selbstannahme! Und wenn ihr euch annehmt, wenn ihr sagt: Ja, ich bin der Ausdruck Gottes, dann werdet ihr beginnen, ihn wahrhaft zu leben. Nicht mehr zu fragen: „Warum ist dieser so nett zu mir und jener so häßlich? Warum unterdrückt mich dieser, und jener fördert mich? Warum habe ich Pech, und der ander hat Glück?" Nein, das interessiert nicht mehr, das ist eine verschwendete Zeit, damit haltet ihr euch auf! Ihr werdet sagen: „Ich bin der Ausdruck Gottes, das bedeutet, ich bin die allumfassende Liebe. Ich bin ja Güte, ich bin die Großmut, ich bin die Hilfsbereitschaft, all das, was Ausdruck der allumfassenden Liebe ist." Seht, und dann erkennt ihr eure Unangreifbarkeit. Ihr könnt gar nicht mehr verletzt werden, wenn ihr wahrhaft diesen göttlichen Ausdruck beginnt zu leben.

Wie das? Es betrügt euch ein Mensch, aber... ihr lebt nicht mehr die Resonanz für den Betrug, und darum reagiert ihr nicht mehr darauf. Jetzt könnt ihr sagen: „Moment, Betrug ist doch, mir etwas fortzunehmen, Betrug ist doch etwas, was nicht gestützt werden darf." Ist es denn euer Thema, wenn ein anderer sich schuldig macht? Ihr seid das scheinbare Opfer, aber seid ihr es wirklich, wenn ihr nicht mehr Resonanz lebt? Nein, unberührt geht ihr. Ihr fragt nicht: „Warum hat er mich betrogen?" Nein, ihr fragt: „Wie gehe ich den schnellsten Weg auf mein Ziel zu in die Göttlichkeit?" Seht: kein Echo mehr dem Betrüger und darum für euch gar kein Verlust.

Jetzt könnt ihr sagen: „Nun ja, wenn ich aber so weitergehe, bin ich irgendwann arm, hab ich auch nicht mehr das eine Kleid noch, alle Kleider sind aus dem Schrank, und nur noch das eine trage ich. Soll ich denn auch das noch geben, um entblößt zu gehen?" Seht, eine schwere Entscheidung. Und ich kann euch sagen: Ja, auch dieses Kleid noch, und ich werde euch sagen warum. In dem Moment, wo ihr wißt mit dem Herzen, also nicht mit dem Kopfe, in dem Moment, wo ihr wißt: „Ich bin der Ausdruck Gottes, ich trage in mir das Göttliche, das bedeutet: Vollkommenheit, angebunden an den Kosmos, an die kosmischen Gesetze", in dem Moment unterbrecht ihr die Bindung an diese eure irdischen Gesetze, und das bedeutet, ihr legt noch dieses letzte Kleid ab, das letzte irdische Kleid, um nun in der kosmischen Kleidung gehen zu können. Und das bedeutet: Ihr legt die letzte Bindung eurer Gedanken ab – „das kann ich doch nicht tun, das ist doch nicht richtig, das muß man doch so machen" – also… ihr legt die letzten Gedanken, irdischen Gedanken ab, und ihr werdet den kosmischen unterliegen, unterstehen, den kosmischen Energien. Und das bedeutet, in die Meisterschaft gegangen zu sein, das bedeutet, ein Erleuchteter geworden zu sein und nie mehr in dem Mangel gehen zu können.

Prüft immer: Glaube ich mit meinem Kopfe, glaube ich mit meinem Willen, oder glaube ich mit meinem Herzen? Und mit was ihr glaubt, das könnt ihr ganz leicht feststellen. Wahrer Glaube, wahres Erkennen: ich bin der Ausdruck Gottes, ich verlasse mich auf meine Gotteskindschaft, ich glaube an den lieben den Vater"! Ihr könnt genau erkennen, welche Art des Glaubens ihr lebt, ob der Glaube des Kopfes, der Gedanken, oder der

Glaube des Herzens. Immer dann, wenn Enge ist, wenn Eng-
pässe sind, beweist sich, welcher Art euer Glaube ist.

Noch eine zweite Möglichkeit des Erkennens gibt es, und ich
sprach bereits davon: Es ist das Wissen in euch, das Wissen, das
nicht erklärt werden kann, das nicht Beweise liefern kann, ein
Ist-Zustand ist dies. Seht, und so wird gelebt die Selbstannahme.
Das ist Selbstannahme leben.

Wie häufig habe ich euch gesagt, und auch dies sind die Wege
zu der Selbstannahme, nämlich zu dem Sich-Einsammeln: Geht
in der Harmonie eurer Gedanken, eurer Worte und eurer Handlungen. Es ist eine grobe Art des Sich-Einsammelns, aber sie geht
parallel mit diesem Sich-Erkennen, mit diesem Wissen: Ich bin
der Ausdruck Gottes, und mein Ziel ist die Vereinigung, die Verschmelzung mit Ihm. Immer wieder das Sich-Hinterfragen:
Habe ich gelebt Harmonie meiner Gedanken, meiner Worte,
meiner Handlungen?

Nun ist es so: Wenn ihr diesen Weg der Liebe geht, wird dies
zur Selbstverständlichkeit werden. Das bedeutet also, daß eure
Gedanken Gedanken der Großmut und der Güte werden, nicht
mehr die bewertenden, wo dann euer Mund andere Worte
spricht, schmeichelnde, oder ihr das Schweigen lebt, sondern
diese eure Gedanken werden Gedanken des Lebens sein. Und
dort, wo Gedanken des Lebens sind, sind Worte des Lebens.
Und dort, wo Worte des Lebens sind, sind die Handlungen
voller Leben, sind die Handlungen voller Begleiten, sind die
Handlungen betreuende Handlungen, fördernde.

Also… wollt **ihr** den Weg der Selbstannahme gehen, wollt
ihr euch erkennen! Und laßt das viele Suchen in der Vergangenheit, laßt stehen eure Prägungen, hört auf, unter ihnen zu leiden,
freut euch an denen, die euch gefallen, und die, die euch Leid
gebracht haben, akzeptiert sie erst einmal, damit sie sich erholen
können von dem Kampfe mit euch, akzeptiert sie erst einmal,
damit sie müde werden. Laßt sie stehen, laßt sie liegen, vergeßt

sie doch einfach. Blickt dorthin, wohin ihr wollt, und reibt euch nicht an dem, was ist. Bedeutet es nicht ein Sich-Aufhalten, bedeutet es nicht ein Auf-der-Stelle-Treten? Bedeutet es nicht ein Sich-im-Keise-Drehen? Wie schade – wenn das Ziel so klar ist, auf der Stelle zu treten, im Kreise sich zu drehen. Welch eine verschenkte Zeit!

Laßt hinter euch liegen die Vergangenheit, die euch bedrückte, die euch traurig machte, die euch Leid zufügte oder Kummer. Was wollt ihr zurückblicken und euch daran festhalten? Ist es nicht ein Zurückgezogenwerden? Nein, nicht führt der Weg zurück, der Weg, er führt voran. Und das bedeutet nun: er führt voran in der Entwicklung. Denn überall dort, wo ihr beginnt, eure Göttlichkeit zu leben, interessiert nicht mehr Vergangenheit, interessiert nicht mehr Zukunft, sondern ihr seid bei euch angelangt. Ihr steht in euch selbst, in eurem Sein. Nicht mehr Vergangenheit, nicht mehr Zukunft, sondern Gegenwart. Das bedeutet, in seinem Selbst zu stehen.

Und überall dort, wo ihr die Kraft habt, eure Gedanken nicht mehr in die Vergangenheit zu lenken, in belastende Gedanken der Vergangenheit, und nicht mehr mit hoffnungsfrohen Gedanken in die Zukunft zu blicken, sondern zu sagen: „Das ist mein Tag!", **wenn ihr die Kraft habt, nicht nur in dem heutigen Tag zu stehen, sondern die Kraft lebt, in dem Augenblicke zu stehen, im Jetzt, werdet ihr frei sein, kann nicht mehr sein in euch die Angst, die Sorge, die Trauer, die Unruhe. In dem Jetzt zu stehen bedeutet, Erlösung zu erfahren.**

Und wie kommt ihr in diesen Zustand? Ihr kommt in diesen Zustand, indem ihr immer wieder wie ein Gefängniswärter die Insassen kontrolliert, die Gefängnisinsassen, indem ihr immer wieder, permanent und ständig die Qualität eurer Gedanken prüft. Indem ihr immer wieder und ständig, wenn diese Gedanken Gedanken des Abbaues sind, der Sorge und des Kummers, indem ihr immer wieder sagt: „Nein, das Jetzt zählt. Gott ist jetzt in mir. Und darum muß ich mich nicht sorgen, und darum muß ich nicht Angst leben, muß ich nicht Kummer leben, denn jetzt ist er in mir, so wie er immer in mir war und immer in mir sein wird. So wie wir immer miteinander verbunden gingen und immer miteinander verbunden gehen werden. So ist er gerade jetzt in mir und will sich mir zeigen, und ich will Ihm zulächeln."

Seht, das ist ein bewußtes Euch-Unterbrechen. Und es ist ein Euch-Bewußtmachen dieser eurer Gotteskindschaft, ein Ihm-Zulächeln. Denn wem lächelt ihr zu? Ihr lächelt einem Menschen zu, den ihr gerne mögt. Ihr lächelt einem Gedanken zu, der euch Freude bereitet, oder ihr lächelt einer Verabredung zu, in die ihr eine Erwartung setzt, oder vielleicht sogar euch selbst. Ein Zulächeln, das bedeutet ein „ich freue mich", es bedeutet Vertrautheit. Und darum lächelt ihr Gott zu, lächelt ihr der allumfassenden Liebe zu, lächelt ihr eurem Herzen zu!

Euer Mund soll lachen und singen! Denn wer kann sagen: „Ich habe den Herrn von Angesicht zu Angesicht gesehen. Meine Augen lagen in Seinen Augen, und mein Ohr vernahm Seine Stimme." Haltet euch nicht auf mit dem Sehnen… ! Erkennt euren Wesenskern! Lebt die Selbsterkenntnis, damit die Selbstannahme sein kann!

Wie leicht! Ist es nicht leicht? Selbstverständlich ist es leicht! Und wenn ihr gütig zu euch seid, wird es ganz besonders leicht werden.

Wen stört die Eigenheit eines Menschen? Hat er nicht viele Eigenheiten, und kann eine Unzulänglichkeit nicht aufgehoben werden durch viel Liebenswertes, durch viele Eigenschaften, die einer Gemeinschaft dienlich sind? Kann eine Eigenschaft, ein Ausdruck, der nicht das Herze des Besitzers erfreut, unter dem er leidet, ihm Angst machen, nicht angenommen zu werden, sondern Ablehnung zu erfahren? Was bedeutet das denn? Ist es nicht ein Festhalten, ist es nicht verschenkte Zeit? Also, blickt euch doch an, was in euch blüht, was in euch schön ist, und freut euch daran, was in euch schön ist, was in euch Ausdruck der Güte ist und Ausdruck des Friedens und Ausdruck der Ruhe und der Geborgenheit! Blickt doch dies an, freut euch daran! Und ihr werdet sehen, daß diese Freude euer Herze so leicht macht, daß ihr über die Begrenzungen schneller hinwegspringen könnt.

Also… nicht das Warten auf irgendwelche Lösungen und Erlösungen, nein… jetzt beginnt mit euch zu singen, zu lachen, zu springen! Jetzt beginnt euch zu sagen: **„Mein Herz soll lachen und singen, denn ich habe den Herrn von Angesicht zu Angesicht gesehen! Meine Augen lagen in Seinen Augen, und mein Ohr vernahm Seine Stimme! Wunderbar sprach Er, und ich fühlte mich erhaben, ich fühlte, das Heil war gekommen, um mich zu lösen aus den Banden der Abkehr, um mich zu zeichnen mit dem Kreuze der Gerechten!"** Überlegt euch: **„Um mich zu lösen aus den Banden der Abkehr!"** Haltet ihr euch an Unzulänglichkeiten fest, ist es nicht ein Abkehren von Gott? Jedes böse Wort, das ihr über euch sprecht, ist es nicht ein Abkehren von Gott? Jedes böse Wort, das ihr sprecht über einen anderen, ist es nicht ein Abkehren von Gott?

„Und er zeichnete mit dem Kreuze der Gerechten." Seht, wie sieht das Kreuz der Gerechten aus? Es ist das Kreuz, das der trägt, der überwunden hat, der durch das Kreuz gegangen ist, das Kreuz des Leidens. Denn überall dort, wo noch nicht die Selbsterkenntnis und damit die Selbstannahme gelebt wird, leidet ihr unter dem Kreuze, seid **ihr** an das Kreuz geschlagen und an das Kreuz genagelt. Doch das Kreuz der Überwindung, es bedeutet, durch dieses Kreuz des Leidens hindurch gegangen zu sein, zum Kreuze des Friedens gelangt zu sein. Dieses Kreuz, das in den gleichen Balken steht. Seht, das ist euer Ziel. Und dieses Kreuz zeigt euch den Sieg an.

Ich möchte mit euch eine Übung machen. Ich möchte euch eine Übung sagen, die euch helfen wird, dieses gleichschenklige Kreuz zu leben – eine ganz einfache Übung.

117

Seht, wir sprachen viel heute von den Gedanken, die in die Vergangenheit gehen, dieses „warum". Und wir sprachen von den Gedanken, die in die Zukunft gehen, die Gedanken der Hoffnungen, der Wünsche, des Sehnens, des Wollens. Doch wo ist das Jetzt? Ein Vorauseilen, ein Zurückeilen, und nicht das Jetzt lebend. Und diese Übung beginnt damit, daß ihr Vergangenheit und Zukunft in die Gegenwart führt. Das bedeutet also, daß Vergangenheit und Zukunft harmonisiert werden, die Gedanken, die in die Vergangenheit gehen, und die Gedanken, die in die Zukunft gehen, harmonisiert werden, so daß ihr leichter in dem Heute leben könnt.

Und dazu setzt ihr euch ganz bequem hin. Ihr nehmt eine gerade Körperhaltung ein, so daß die Wirbelsäule schön gerade gestreckt ist. Und ihr legt diese eure Hände mit den Handrücken auf eure Oberschenkel, und ihr nehmt zusammen den Daumen und den Zeige- und den Mittelfinger, so daß eure Seele leichter in die Berührung gehen kann mit dem Kosmischen.

Nun beginnt ihr ganz langsam vorwärts und rückwärts zu schwingen. Ich mache es euch vor: ganz langsam vorwärts und rückwärts. Und ihr schwingt so weit vor und zurück, wie es euch ein Bedürfnis ist. Kontrolliert nicht, daß vorwärts und rückwärts gleichen Abstand zur Mitte lebt. Denn geht ihr stärker zurück, so bedeutet das, daß ihr stärker die Vergangenheit aufarbeiten wollt, daß sie euch noch gefangenhält. Oder geht ihr viel weiter nach vorne als zurück, dann bedeutet das, daß ihr sehr stark in die Zukunft denkt und darum ein wenig mehr zurückgenommen werden sollt. Und ihr macht es so, wie es euer Empfinden ist. Nicht der Kopf, nicht der Verstand, sondern ausschließlich ein ruhiges Schwingen – vor und zurück.

Und nachdem ihr dies einige Male getan habt, haltet ihr in der Mitte inne. Und nun beginnt ihr, nach rechts und nach links zu schwingen, genauso wieder, wie es euer Bedürfnis ist. Und es bedeutet, daß eure beiden Gehirnhälften, der Verstand und das

Gefühl, nun miteinander schwingen, miteinander in den Austausch gehen. Dort, wo der Verstand das Übergewicht lebt, lebt er nun mit dem Gefühl vermischt. Dort, wo das Gefühl in dem Überschwange geht, wird es mit dem Verstande gemischt. – Und ihr geht eine Zeit in diesem Schwingen nach links und nach rechts, und es ist egal, wie lange ihr es tut, so lange wie ihr Lust habt, wie es euch gefällt. Und nicht gleich sein muß es mit der Zahl des Vor- und Zurückschwingens. Nein… ihr macht es genauso, wie es euch ein Bedürfnis ist. Und wenn ihr das Empfinden habt, daß ihr genügend geschwungen seid, nach vorwärts, nach rückwärts, nach rechts und nach links, so haltet ihr einen Moment wieder in der Mitte an, und eure Gedanken, sie zeichnen nun: – ihr nehmt vor euer geistiges Auge das Bild des gleichschenkligen Kreuzes. Seht: und überall dort, wo die Ausgewogenheit ist, die Gleichschenkligkeit, könnt ihr einen Kreis ziehen. Ihr zieht in Gedanken nun um dieses gleichschenklige Kreuz einen Kreis, einen Lichtkreis, einen funkelnden Kreis. Es bedeutet: ihr seid in die Unendlichkeit eingedrungen, nicht mehr Anfang, nicht mehr Ende, nicht mehr vorwärts, nicht mehr rückwärts, geschlossen, ganz, heil. Und das bedeutet, daß ihr euren inneren Lebenskern, euren Gotteskern in das Erblühen gebracht habt. Es bedeutet, daß ihr in die Weisheit gefunden habt. Es bedeutet, daß ihr in das Christusbewußtsein gefunden habt.

Und diese Übung macht so häufig ihr möchtet und wenn ihr das Bedürfnis nach ihr habt; aber seid ihr unter Menschen und ihr könnt sie nicht machen, so macht sie mit euren Gedanken. Holt euch das Bild vor euer geistiges Auge, wie ihr auf diesem Übungsstuhle sitzt – zu Hause oder wo auch immer ihr diese Übung macht – nehmt euch dieses Bild vor euer geistiges Auge, und dann werdet ihr aufrecht sitzen unter Menschen, mit ihnen in dem Gespräche gehen, und gleichzeitig werdet ihr euch in eure Harmonie, in eure Mitte, in euren Kreis, in eure Gleichschenkligkeit führen.

Euer Mund soll lachen und singen! Denn wer kann sagen: „Ich habe den Herrn von Angesicht zu Angesicht gesehen. Meine Augen lagen in Seinen Augen, und mein Ohr vernahm Seine Stimme. Wunderbar sprach Er. Und ich fühlte mich erhaben, ich fühlte, das Heil war gekommen, um mich zu lösen aus den Banden der Abkehr, um mich zu zeichnen mit dem Kreuze der Gerechten!"

Wir, wir begleiten euch auf diesem eurem Friedenswege mit all unsrer Liebe. Wir wissen, wie schwer dieser Friedensweg zu gehen ist, welch eine Überwindung, welch ein permanentes Sich-zur-Ordnung-Rufen, welch ein ständiges Bemühen. Doch wenn ihr sagt: Ich habe mein Ziel erkannt, ich habe Selbsterkenntnis gelebt, ich weiß nun um meinen Wesenskern, ich weiß, wer ich bin, dann werdet ihr diese Mühen nicht scheuen, sondern dankbar sein, euch gefunden zu haben.

All unsre Liebe wird euch Licht sein, wird euch Aufhellung sein, wird euch Ermutigung und Ermunterung sein. Wir helfen euch, die Gelassenheit der Wissenden zu leben und die Geduld der Vertrauenden.

Mein Friede, er geht an eurer Seite!
EMANUEL

Lesen Sie auch

Emanuel
Mein Friede, er geht an deiner Seite

ISBN 3-89568-002-8

ch. falk verlag